Walter Norden

Der vierte Kreuzzug im Rahmen der Beziehungen des Abendlandes zu Byzanz

Walter Norden

Der vierte Kreuzzug im Rahmen der Beziehungen des Abendlandes zu Byzanz

ISBN/EAN: 9783743320451

Hergestellt in Europa, USA, Kanada, Australien, Japan

Cover: Foto ©ninafisch / pixelio.de

Manufactured and distributed by brebook publishing software (www.brebook.com)

Walter Norden

Der vierte Kreuzzug im Rahmen der Beziehungen des Abendlandes zu Byzanz

Der Vierte Kreuzzug

im Rahmen der Beziehungen des Abendlandes zu Byzanz.

Von

Dr. Walter Norden.

Berlin 1898.

B. Behr's Verlag (E. Bock).

Meinen Eltern.

Vorwort.

Bei dem uns heute für den Vierten Kreuzzug zu Gebote stehenden Quellenmaterial, das zum ersten Mal vom Grafen Riant in ausgiebigster Weise herangezogen und seitdem nicht vermehrt worden ist, lassen sich in vielen Detailfragen keine sicheren Entscheidungen treffen.

Wohl aber glaube ich auf Grund dieser Quellen und zugleich durch eine Untersuchung der Vorgeschichte des Vierten Kreuzzugs ein Gesamtbild der Unternehmung des Abendlandes gegen das griechische Reich zeichnen zu können, ein Bild, das verschieden ist von den bisher entworfenen.

Die modernen Forscher kommen so ziemlich darin überein, dass sie die Wendung des Kreuzzugs gegen Constantinopel im wesentlichen als das Werk Einer Nation bezeichnen. Sie weichen von einander ab 1., darin, dass die einen dieser, die anderen jener Macht die Verantwortung zuschreiben, 2., darin, dass sie, je nachdem ihre Entscheidung ausfällt, eine verschiedenartige Einwirkung der betreffenden Macht annehmen.[1]

Diejenigen, welche in Venedig die treibende Kraft sehen, wie Mas Latrie, Hopf und Streit[2], oder in Philipp von

---

[1] Ich führe im folgenden nur die Hauptvertreter einer jeden Ansicht an.

[2] Mas Latrie: „Histoire de l'Ile de Chypre" (1861), Band I, p. 162 ff.; Hopf: „Geschichte Griechenlands im Mittelalter", Ersch — Gruber'sche Encyklopädie, Bd. 85, p. 184 ff., 188, 190; Streit: „Venedig und die Wendung des Vierten Kreuzzugs gegen Constantinopel", Programm des Gymn. zu Anklam 1877.

Schwaben, wie Winkelmann, Riant, Pears und Bouchet[1], glauben an eine Intrigue, sei es Venedigs oder Philipps; der Gelehrte, der den Vierten Kreuzzug als ein französisches Unternehmen kennzeichnet, Tessier, betrachtet seine Wendung gegen Constantinopel als eine zufällige Folge der Ankunft des griechischen Prätendenten Alexius im Abendlande, und er greift damit zurück auf die Forschungen von Wilken, La Farina und Wailly[2]. Die Intriguentheorie, nach der Venedig oder Philipp den Kreuzzug von seinem wahren Ziele abgelenkt und dadurch die Christenheit verraten haben soll, ist, wie ich im zweiten Teile meiner Abhandlung darlegen werde, völlig von der Hand zu weisen, die Zufallstheorie ist zu oberflächlich.

Von allgemeineren Gesichtspunkten, als denen des Zufalls oder der Intrigue ist der Vierte Kreuzzug ins Auge zu fassen, auf einer breiteren Basis als der Einer Nation muss der Forscher seinen Standort wählen: die historische Entwicklung von Jahrhunderten, die Lebensinteressen eines ganzen Kulturkreises müssen den Rahmen der Betrachtung bilden.

Der Vierte Kreuzzug stellt die Lösung des alten Konflikts zwischen dem Abendlande und Byzanz dar, wie er seit der Mitte des XI. Jahrhunderts akut geworden war. Was für

---

1. Winkelmann: Philipp von Schwaben, p. 524 ff.; Graf Riant in „Revue des Questions Historiques", Bd. XVII, p. 321 ff., XVIII, p. 1 ff., XXIII, p. 71 ff.

Bouchet („La conquête de Geoffroy de Villehardouin", Paris 1891, Bd. II) giebt lediglich Riantsche Ansichten wieder unter Einstreuung von Quellenstellen aus Ernoul und Clari; auch Pears („The fall of Constantinople etc.", London 1885) schliesst sich im wesentlichen Riant an.

2. Tessier: „Quatrième croisade", Paris 1884. (Eine Zusammenfassung seiner Ansicht giebt Cerone: „Il papa e i Venetiani nella quarta crociata" im Archivio Veneto 1887, Bd. XXXVI, p. 57—70, 287—297); Wilken: „Geschichte der Kreuzzüge", Bd. VI, p. 149—154; La Farina: „studi del secolo XIII", Bastia 1857, Bd. I, studi 5 und 6; Wailly: „La conquête de Constantinople de Geoffroi de Villehardouin, Eclaircissements", Paris 1874.

Lösungen hatte dieser Konflikt bisher finden sollen, welche Lösung wollte der Vierte Kreuzzug bieten, und welche hat er gebracht? Das sind die Fragen, die es zu beantworten gilt. — Indem ich vorliegende Abhandlung, von der bereits Abschnitt II c. 1 und 2 gesondert gedruckt sind, und die als ganzes von der Philosophischen Facultät zu Berlin im Juli 1898 als Dissertation angenommen wurde, dem Druck übergebe, sage ich meinem hochverehrten Lehrer, Herrn Professor Dr. Scheffer-Boichorst, der mir die zur Lösung von Problemen aus der mittelalterlichen Geschichte nötige Schulung zu teil werden liess, mir die Anregung zu dieser Arbeit gab, und mich bei ihrer Durchführung jederzeit mit Rat und That unterstützte, meinen wärmsten Dank. Auch Herrn Professor Dr. Sternfeld bin ich für einzelne wertvolle, mit seinem Namen von mir notierte Gesichtspunkte zu Dank verpflichtet.

Berlin, im August 1898.

Inhaltsverzeichnis.

I. **Der Vierte Kreuzzug im Rahmen der Beziehungen des Abendlandes zu Byzanz.**
  1. Die Vorgeschichte des Vierten Kreuzzugs: der Vorstoss der Abendländer gegen das byzantinische Reich von der Mitte des XI. bis Ende des XII. Jahrhunderts.
    a) Die Normannen;
    b) die Kreuzfahrer;
    c) die Venetianer (Pisaner und Genuesen);
    d) Heinrich VI.
  2. Der Vierte Kreuzzug.
    a) Die veränderte Weltlage: das Eintreten des deutschen Königs, der Venetianer und Kreuzfahrer für den Prätendenten Alexius;
    b) die Einsetzung Alexius' IV., sein Bruch mit den Kreuzfahrern und die Eroberung Constantinopels durch die Lateiner;
    c) inwieweit wurden die deutschen, venetianischen und Kreuzzugsinteressen im lateinischen Kaiserreich durchgesetzt?

II. **Die Wendung des Vierten Kreuzzugs gegen Constantinopel war nicht das Werk einer Intrigue.**
  1. Der „Verrat" Philipps von Schwaben;
  2. der „Verrat" Venedigs;
  3. die Stellung Innocenz' III. zur Wendung des Kreuzzugs gegen Constantinopel.
    Schlussbetrachtung.

I. Abschnitt.
Der Vierte Kreuzzug
im Rahmen der Beziehungen des Abendlandes zu Byzanz.

1. Die Vorgeschichte des Vierten Kreuzzugs; der Vorstoss der Abendländer gegen das byzantinische Reich von der Mitte des XI. bis Ende des XII. Jahrhunderts[1].

Solange die Griechen während des Mittelalters in Unteritalien herrschten, lebte die Erinnerung an die altbyzantinische Grösse. Diese Besitzungen waren ein Wahrzeichen der Siege eines Belisar und Narses, sie bildeten ein festes Fundament für die Ansprüche, die die Kaiser von Ostrom auf die Herrschaft über das ganze Abendland erhoben. Der

---

[1]. Es gilt im folgenden den inneren Zusammenhang der Wendung des Vierten Kreuzzugs gegen Constantinopel mit den früheren Vorstössen des Abendlandes gegen Byzanz aufzudecken.

Diese Aufgabe hat bisher weder in den allgemeinen Darstellungen der byzantinischen und Kreuzzugsgeschichte (Hopf l. c., Hertzberg: „Geschichte der Byzantiner und des osmanischen Reichs"; Kugler: „Geschichte der Kreuzzüge", die letzteren beiden Werke in der Onckenschen Sammlung), noch in den weiter ausgreifenden Spezialuntersuchungen genügend gelöst werden können, da das Bild, das hier von der Wendung des Kreuzzugs gegen Constantinopel entworfen wird, nirgends ein ganz zutreffendes ist.

Unter den Specialforschern ist Streit (l. c.) hervorzuheben, dessen Vorgeschichte des Vierten Kreuzzugs aber an Unklarheit und Unübersichtlichkeit leidet — Riant nennt sie ein „savant labyrinthe" — und ferner den durchgehenden Zusammenhang mit der Schilderung des Kreuzzugs selbst, die der Vf. giebt, vermissen lässt; Pears (l. c.) behandelt unter den Momenten, die das griechische Reich bis zum

Orient hatte nach dem Occident übergegriffen und behauptete sich dort.

Mit dem XI. Jahrhundert ermannte sich das Abendland, und seine Völker erhoben sich zu einem gewaltigen Vorstoss gen Osten, der nach anderthalb Jahrhunderten wechselvollen Ringens das griechische Reich zertrümmerte.

Dass dieses so lange standhielt, dankte es dem glänzenden Aufschwung, den es unter dem kräftigen Regiment der Kaiser aus dem Hause der Comnenen noch einmal nahm. Jene grossen Herrscher sind sogar noch während dieser Zeit bestrebt gewesen, den alten Anspruch der Kaiser von Byzanz auf die Beherrschung des Occidents durch Verhandlungen mit der römischen Curie durchzusetzen, ja Kaiser Manuel hat in der Mitte des XII. Jahrhunderts den grossartigen Plan gefasst, sich das Abendland mit Waffengewalt zu unterwerfen. Aber wie bei steigender Flut die rückläufige Welle nicht imstande ist, die nächste, stärker anprallende Woge in ihrem Laufe zu hemmen, sondern diese schäumt über sie hinweg und ergiesst sich weit über's Ufer hin, so vermochte auch Manuel nicht durch den Gegenstoss, den er führte, den Andrang der abendländischen Völker nach dem Osten, wie er seit dem XI. Jahrhundert begonnen hatte, auf die Dauer aufzuhalten, geschweige denn, dass er seine kaiserlichen Hoheitsrechte über sie hätte zur Geltung bringen können.

Eroberungslust, religiöser Eifer und Handelsgeist haben die Abendländer auf diese Bahn geführt. Wie diese Antriebe bald jeder für sich, bald in gegenseitiger Verknüpfung gewirkt haben, und welche Kombination schliesslich den Untergang des oströmischen Reichs herbeigeführt hat, soll im Folgenden untersucht werden.

Vierten Kreuzzug geschwächt haben, auch die Vorstösse abendländischer Mächte, aber in oberflächlicher, nicht immer zuverlässiger Weise, der Kreuzzug selbst ist für ihn ein durch deutsch-venetianische Intriguen von seinem Ziel abgelenkter Flibustierzug (p. 205).

a) Die Normannen.

Der Kampf begann naturgemäss mit der Vertreibung der Griechen aus ihren abendländischen Besitzungen.

Diese Aufgabe übernahmen die Normannen, die in einem Menschenalter ganz Unteritalien sich unterwarfen. Im Jahre 1071 fiel mit Bari das letzte Bollwerk der Griechen in ihre Hände, das Abendland gehörte nunmehr den Abendländern.

Doch die Eroberungslust der Normannen und der Ehrgeiz ihrer Führer drängten zu weiteren Thaten. Und die Natur selbst, die geographischen Interessen wiesen hier die Eroberungslust der Normannen in festumgrenzte Bahnen. Über's adriatische Meer zu fahren und sich auf der Balkanhalbinsel festzusetzen — das ist seit dem Vorgang der Römer noch immer das Ziel kühner Eroberer Unteritaliens gewesen[1]. Erst schien es, als ob die Besetzung Griechenlands, wie die Unteritaliens, schaarenweise vor sich gehen solle[2], dann aber fasste der gewaltige Herzog Robert Guiscard mit eiserner Faust die normannischen Kräfte zu einem gewaltigen Vorstoss gegen das Rhomäer-Reich zusammen: Dyrrhachium, das Centrum der griechischen Machtstellung an der Ostküste der Adria, wählte er zum Angriffsziel. Sein Streben war, von hieraus geradewegs auf Thessalonich, von da auf Constantinopel loszumarschieren und sich dort die Kaiserkrone der Byzantiner auf's Haupt zu setzen.

Dann herrschte er, wie vor ihm die byzantinischen Kaiser, vom Bosporus bis an's tyrrhenische Meer, die Via Egnatia, die die Balkanhalbinsel durchquerte, war in seinem Besitz[3]

---

1. Auf diese wichtige Seite der normannischen Eroberungszüge machte mich Herr Prof. Dr. Sternfeld aufmerksam, indem er mich auf die in seinem Buch „Ludwigs des Heiligen Kreuzzug nach Tunis 1270" p. XXIII der Einleitung sich findenden Bemerkungen hinwies.
2. S. die von Lothar von Heinemann: „Geschichte der Normannen in Unteritalien und Sicilien" p. 210 u. 302 besprochenen normannischen Unternehmungen.
3. Sternfeld a. a. O. betont ihre Bedeutung.

und konnte die grosse Verkehrsader seines Reiches werden, auf der die Produkte des Orients, die in Constantinopel zusammenströmten, dem Westen zugeführt wurden. Von Dyrrhachium, dem Schlüssel zu dieser Strasse, aus, das er am Anfang des Jahres 1082 eroberte, drangen seine Heere, nunmehr unter Anführung seines Sohnes Boëmund, bis tief nach Epirus und Thessalien hinein vor. Hier aber kamen dessen Erfolge zum Stehen, im Jahre 1084 trieb ihn Kaiser Alexius I. wieder bis an die adriatische Küste zurück, und den Anstrengungen, die jetzt Robert Guiscard machte, die jonischen Inseln in seinen Besitz zu bringen, setzte sein Tod im Sommer 1085 ein Ziel. Da zwischen seinen Söhnen ein Hader um die Erbfolge ausbrach, wurde es Alexius leicht, die abgekommenen Lande sich zu unterwerfen[1].

Den ersten König des Normannenreiches in Unteritalien, Roger II., liessen die Lorbeern seines Oheims nicht ruhen[2]. Nachdem die französischen Kreuzfahrer eine gemeinsame Aktion gegen das byzantinische Reich abgelehnt hatten[3], brach er im Sommer des Jahres 1147 allein los. Mit der Eroberung Corfus und einem Plünderungszuge nach Mittelgriechenland vom korinthischen Golfe aus[4] war zwar diesmal die Offensivbewegung zu Ende. Im Jahre 1149 eroberte Manuel mit Hülfe der Venetianer Corfu wieder und griff nun seinerseits nach Italien über, ohne aber die Normannen dauernd bezwingen zu können. So kam 1158 mit Rogers Nachfolger, Wilhelm I., ein billiger Frieden zustande.

---

1. Zu Grunde liegt diesem Überblick über die Normannenzüge Hopf l. c., p. 141—144, 156 und 157, 160 u. 161, und Hertzberg (l. c.) p. 264—271, 293—299, 325—30. Für Robert Guiscards Zug kommt in erster Linie in Betracht Lothar v. Heinemanns eben citiertes Werk p. 299—339.

2. Der Zug Boëmunds findet seine Behandlung unter b. (p. 15 f).

3. s. unter b. (p. 18).

4. Ein bleibender Erfolg dieses Zuges war die Einführung der Seidenweberei in Sicilien durch gefangene griechische Arbeiter, die in dieser Kunst geübt waren. Hertzberg p. 294.

Der furchtbarste Stoss erfolgte im Jahre 1185 unter Wilhelm II., hundert Jahre nach Robert Guiscards Tode. Es gelang den Normannen, Thessalonich, die zweite Stadt des Reiches, zu erobern, bei Mosynopolis standen ihre Vorposten. Doch sobald der durch eine Revolution in Constantinopel zum Throne gelangte Kaiser Isaac Angelos in Alexius Branas einen tüchtigen Feldherrn an die Spitze des griechischen Heeres stellte, wandte sich das Kriegsglück. Bei Demetriza wurden die Normannen am 7. November 1185 vernichtend geschlagen, und in den nächsten Jahren gelangten alle ihre Eroberungen bis auf Kephalenia und Zakynthos wieder in die Hände der Griechen.

So „speite ein Jahrhundert hindurch zu wiederholten Malen der Inseldrache über die Mündungen des Aetna das Feuer seines Zorns"[1], drohten die Normannen den Byzantinern Verderben.

b) Die Kreuzfahrer.

Zur Normannengefahr gesellte sich früh die Kreuzzugsgefahr. Das Ziel der Kreuzzüge war ja das ferne Jerusalem, aber ihr Weg führte sie über Constantinopel, und bange Sorge erfüllte den Kaiser Alexius I. um sein Reich, als er gegen Ende des XI. Jahrhunderts die gewaltigen Pilgermassen aus dem Abendlande seiner Hauptstadt sich nahen sah[2]. Zwar war sie zunächst unbegründet: die Führer des Kreuzheeres leisteten ihm sogar den Lehnseid für ihre künftigen

---

1. Eustaths Leichenrede auf Kaiser Manuel (Migne Patr. Graeca, Bd. 135, p. 984): „Δρακαίων δὲ ὁ νησιωτικός, ὃς καὶ ὑπὲρ κρατῆρας Αἰτναίους τὸ τοῦ θυμοῦ πῦρ ἐκφυσᾶν ἤθελε . . ."

2. Anna Comnena (ed. Bonn, Bd. II, p. 32): „καὶ γέγονε συγκίνησις, οἵαν οὐδέπω τις μέμνηται ἀνδρῶν τε καὶ γυναικῶν . . ." (p. 28): „ἠσθίει μὲν οὖν (nämlich Alexius) τὴν τούτων ἔφοδον γνωρίσας αὐτῶν τὸ ἀκατάσχετον τῆς ὁρμῆς."

Besonders gross war die Angst vor Boemund (p. 32, 36), auch dies ohne Grund, cf. v. Sybel: „Geschichte des Ersten Kreuzzuges", p. 270–273.

Eroberungen, den er von ihnen verlangte, und halfen ihm darauf einen Teil von Kleinasien wiedererobern[1].

Als dann aber nach der Begründung der Kreuzfahrerstaaten die Kämpfe zwischen Griechen und Abendländern in Syrien begannen[2], als es zwischen den abendländischen Flotten, die nach dem heiligen Lande fuhren, und den Garnisonen der griechischen Inseln, die die Durchfahrt dieser Flotten zu hindern suchten, zu den bedenklichsten Reibungen kam[3], als endlich die grossen Kreuzheere des Jahres 1101 durch griechische Tücke, wie man glaubte, elend zu Grunde gegangen waren[4]: da brach sich allmählich im Abendlande

---

1. Kugler (l. c.), p. 33—40.
2. Kugler, p. 63—71.
3. Mit einer pisanischen Flotte i. J. 1099. „Gesta triumph. per Pisanos facta", Muratori SS. rer. Ital. VI, 99: „Proficiscendo Leucatam et Cephaloniam urbes fortissimas expugnantes exspoliaverunt, quoniam Jerosolymitanum iter impedire consueverunt". Mit einer genuesischen Flotte kam es 1200 und 1201 zum Konflikt. vgl. Heyd: „Histoire du commerce du Levant au moyen âge", Leipzig 1885 86, Bd. I., p. 190—192.
4. Eccehard schildert in seiner „Hierosolymitana" (ed. Hagenmeyer, Tübingen 1877, p. 236 u. 237) die Stimmung der Kreuzfahrer des Jahres 1101 vor Constantinopel folgendermassen: „... subito murmur exoritur invisum, imperatorem Thurcorum potius quam christianorum parti favere, exploratisque, quae circa nos erant, frequentibus illos contra nos nuntiis animare ... perfidus ille Alexius ... se tanti facere dicit Francos, cum Thurcis pugnantes quanti canes se invicem mordentes ... Quapropter omnes eum maledicebant et anathematizebant, omnes illum linguae non imperatorem sed traditorem appellantes."

Ähnlich schilt Guibert von Nogent (Recueil des Historiens des Croisades, Hist. occidentaux, Bd. IV, p. 243) Alexius „perditissimus hominum" und „proditor" und schreibt ihm die Schuld an dem Untergang des Kreuzheeres zu. cf. Wilh. v. Tyrus, Buch X, c. 13.

Nach Ordericus Vitalis haben sogar die Aquitanier und Gascogner einen Angriff auf Constantinopel gemacht, um den treulosen Kaiser zu zwingen, ihnen Raimund von Toulouse als Führer durch Kleinasien mitzugeben, falls er nicht einwillige, ihn womöglich zu töten, denn — so lässt Ordericus Wilhelm von Aquitanien in seiner Rede sagen —: „innumera suis fidelium millia fraudulentiis peremit;

der Gedanke Bahn, dass dieses griechische Reich ein lästiges Hindernis für die Kreuzfahrten bilde, und dass die Griechen nicht minder arge Feinde des Kreuzes als die Ungläubigen seien. Selbst das Oberhaupt der Christenheit liess sich von der verräterischen Gesinnung des griechischen Kaisers überzeugen und führte bittere Beschwerde darüber bei den Baronen Frankreichs[1].

Besonders gefährlich wurden diese Tendenzen, als im Jahre 1104 Fürst Boëmund von Antiochien ins Abendland eilte und zum Kampfe gegen den Kaiser der Rhomäer aufrief. Er hatte einst unter seinem Vater Robert Guiscard, dann als Herrscher von Antiochien die Griechen bekämpft; die stete Bedrohung seines syrischen Fürstentums durch die Byzantiner und normannische Traditionen machten ihn zum geschworenen Feinde des Rhomäerreichs. Er wurde jetzt der Interpret der griechenfeindlichen Stimmung des Abendlandes. Tausenden sprach er aus der Seele, wenn er, von einem päpstlichen Legaten unterstützt, aller Orten das Kreuz gegen die Griechen predigte. Wen nicht die Schilderung der Gefahr rührte, die den Kreuzfahrerstaaten von dem griechischen Kaiser drohte, und sie an der Entfaltung ihrer Kräfte gegen den Islam hinderte, dem liess die Sorge um das Gedeihen der Kreuzzüge des Abendlandes die Beseitigung des grössten Hemmnisses aller dieser Fahrten notwendig erscheinen.

So wurde es der Grundgedanke des Unternehmens, dass die beste Hülfe, die man dem heiligen Lande bringen könne, die Vernichtung des Rhomäerreichs sei: dann konnten die

---

ideoque gratum Deo ni fallor' sacrificium exhibebit, qui vitam occupantis terram ad perniciem multorum arte quavis exemerit". ed. Migne Patr. lat., Bd. 188, p. 765).

1. Albert von Aachen (ed. Recueil des Hist. des crois., Hist. occ., Bd. IV, p. 585): Der Ankläger des Alexius bei Paschal II. war der Bischof von Barcelona.

Kreuzfahrer ungehindert und sicher vor Verrat ihres Weges ziehen, und, statt von Constantinopel aus befehdet zu werden, erhielten die Kreuzfahrerstaaten von dort die nachhaltigste Unterstützung[1].

1. Durch die Betonung dieser Wechselwirkung zwischen Boëmunds Politik und der Stimmung des Abendlandes glaube ich die Ausführungen Sternfelds in der Einleitung zu seinem p. 11 Anm. 1 citierten Werke p. XXVII ergänzen zu können. Er zuerst hat mit der Auffassung gebrochen, dass Boëmunds Unternehmung ein thörichter Abenteurerzug gewesen sei, indem er in dessen Plan, den griechischen Kaiser nicht von Antiochien aus anzugreifen, sondern ihn im Herzen seines Landes zu treffen, das Wiedererwachen der alten praktischen Politik Robert Guiscards erkennt. Mir kommt es darauf an zu zeigen, wie diese Politik Boëmunds zusammentraf mit jener Stimmung des Abendlandes, die eine Vernichtung des griechischen Reiches als das beste Mittel ansah, um dem ·heiligen Lande zu helfen. Und wenn man diese Wechselwirkung im Auge behält, wird man Sternfeld nicht ganz darin zustimmen, dass in Boëmunds Unternehmen und in den späteren Normannenzügen „den grossen Anstrengungen zur Befreiung des heiligen Landes eine gefährliche Konkurrenz erwachsen sei". Beide Unternehmungen standen nicht in so schroffem Gegensatz zu einander. Ja, Boëmunds Zug bedeutete überhaupt selbst eine Anstrengung zur Befreiung des heiligen Landes: jedenfalls war diese das Endziel (siehe die gleich folgenden Quellennachweise); die Unternehmung Rogers II. gegen Griechenland hat dann allerdings dem „Zweiten" Kreuzzug worauf ich oben noch komme, sehr geschadet, aber doch auch erst, nachdem vorher die Aussicht bestanden hatte, dass beide Unternehmungen in eins verschmolzen würden, mit der Devise: „Erfolg der Kreuzfahrt nur nach Vernichtung des griechischen Reiches", ein Plan, der dann nach dem Scheitern des „Zweiten" Kreuzzugs noch wieder ernstlich erwogen worden ist. Hier werden wir also sagen: in der Idee deckten sich wiederum die Interessen der Kreuzfahrer und Normannen, erst in der Ausführung wurde der normannische Zug in der That eine Konkurrenzunternehmung gegenüber dem Kreuzzug.

Die Hauptquellen sind: Fulco von Chartres (Recueil des Historiens des Croisades, Hist. Occ., Bd. III, p. 418): „Erat quidem imperator Constantinopolitanus Alexis nomine genti nostrae tunc valde maxime contrarius et Jherosolymam peregrinantibus vel fraude clandestina vel violentia manifesta tam per terram quam per mare perturbator et tyrannus. Quapropter Boamundus collecto . . . exercitu terram eius

Die gross angelegte Unternehmung scheiterte kläglich bei Dyrrhachium, und Boëmund musste Alexius für sein Fürstentum Antiochien den Lehnseid leisten. Aber dafür verpflichtete sich auch der Kaiser, zu bewirken, dass künftighin in seinem Reiche nirgends, sei es zu Wasser oder zu Lande, den Kreuzfahrern Schwierigkeiten bereitet würden. So war denn wenigstens auf diese Weise freie Bahn zum heiligen Grabe geschaffen[1].

Jedoch schon gleich auf der nächsten grossen Kreuzfahrt des Abendlandes tauchte wiederum der Gedanke einer Eroberung Constantinopels auf.

---

intravit civitates et oppida comprehendere nitens." Ähnlich Dandolo (Muratori SS. rer. It. Bd. XII. p. 261): „ad vindictam (so ist zu lesen statt „Venetam") peregrinorum, ut asserebat, qui ab Alexio Imperatore iniuriam passi fuerant". — Ordericus (l. c., p. 808) unterrichtet uns über die Kreuzpredigt Boëmunds (siehe p. 20,1), ebenso Anna Comnena (l. c., p. 132): „πολλὴν τὴν κατὰ τοῦ αὐτοκράτορος καταδρομὴν ἐπεποιεῖτο παγάνον ὀνομάζων αὐτὸν καὶ τῶν Χριστιανῶν πολέμιον". (p. 135): „παγάνον αὐτὸν ... ἀνακηρύττων καὶ τοῖς παγάνοις ὅλῃ γνώμῃ ἐπαρήγοντα."

Suger dagegen (vita Ludovici in Bouquet, Recueil des Historiens de la France, Bd. XII, p. 18) spricht nur von dem „Hierosolymitanum iter", der „via sancti Sepulchri", wozu Boëmund in Chartres und Poitou im Sommer des Jahres 1106 ermahnt habe (an letzterem Orte war Suger selbst Ohrenzeuge). Die Bekämpfung des griechischen Reichs war eben nicht Selbstzweck, sondern dem höheren Zweck der Schirmung des heiligen Grabes untergeordnet. Suger ist es auch, der die Anwesenheit des Legaten erwähnt, der „ad invitandam et confortandam sancti sepulchri viam" Boëmund beigegeben sei.

1. Fulco von Chartres (l. c., p. 418): „Iuravit enim Boamundo imperator super reliquias pretiosissimas peregrinos . . . tam in terra quam in mari, quanto latius imperium eius extendebatur, ab illo die et deinceps se salvaturum et conservaturum, ne quis eorum diriperetur vel male tractaretur." Dandolo, chronicon (Muratori SS. rer. Ital., Bd. XII, p. 201): „. . . in pacis tractatu Boamundus relaxatis terris retrocedere, Alexius autem Peregrinis transeuntibus se favorabilem exhibere promittunt." Eine ähnliche Verpflichtung geht Alexius drei Jahre später den Pisanern gegenüber ein (im Vertrage von 1111: Documenti sulle relazioni delle città Toscane coll'Oriente, Florenz 1879, p. 53).

Wenn auch seit jenem Vertrage des Alexius mit Boëmund die Griechen nicht mehr durch Hinderung von Pilgerfahrten die Erbitterung der Abendländer wachgerufen hatten, so war doch der alte Hass aufs neue entfacht worden, als Kaiser Johannes in den Jahren 1137/8 und 1142/3 Raimund von Antiochien heftig bekämpfte[1]. Auch jetzt wieder wurde diese Stimmung den Griechen erst recht gefährlich durch normannischen Einfluss. Als die Kunde von den Kreuzzugsrüstungen, die im Jahre 1146 in Frankreich stattfanden, nach Sicilien drang, trug König Roger II. Ludwig VII. ein Bündnis an: wäre dieses zustande gekommen, so hätte sich der Kreuzzug zunächst gegen das griechische Reich gewandt, er hätte einfach eine Wiederholung von Boëmunds Unternehmen dargestellt. Ludwig verhielt sich ablehnend, da mittlerweile durch des heiligen Bernhard Eifer Konrad III., der Verbündete des damaligen griechischen Kaisers Manuel, zur Teilnahme an der Kreuzfahrt bewogen worden war. So klafften der Kreuzzug und die normannische Unternehmung auseinander.

Trotzdem traute Manuel den friedlichen Absichten der Kreuzfahrer mit nichten, sondern konzentrierte seine Truppen zu ihrer Beaufsichtigung in Constantinopel, während zur selben Zeit die Normannen verheerend tief nach Griechenland hinein vordrangen. Und dass sein Misstrauen nur zu berechtigt war, zeigte sich, als eine grosse Partei im Lager der Franzosen vor Constantinopel, Bischof Gottfried von Langres an ihrer Spitze, Ludwig den Anschluss an Roger riet, damit beide Könige gemeinsam die Stadt eroberten. Massgebend war dabei wieder die Erkenntnis, dass, „solange griechische Kaiser in Constantinopel regierten, dem Kreuze

---

1. Kugler, l. c., p. 124—126: Diese Feindschaft der griechischen Kaiser gegen das Fürstentum Antiochien ist der Hauptgrund, der von den Kreuzfahrern im Lager Ludwigs VII. für den Angriff auf das griechische Reich angeführt wird. Odo de Diogilo: de Ludovici itinere, liber III (Migne, Patrol. latina, Bd. 185 II, p. 1223).

stets Gefahr drohe, dass erst ihre Beseitigung die Befreiung des heiligen Grabes sichere"[1], und das Bewusstsein, dass man dieses Ziel am besten erreichen werde durch eine gemeinsame Unternehmung mit den Normannen, den natürlichen Feinden der Griechen. Aber eine starke Gegenpartei und mit ihr Ludwig VII. wollten von einem solchen Angriff auf eine christliche Macht nichts wissen, und so wurde denn der Gedanke aufgegeben, zumal auch die von den Griechen ausgestreuten Gerüchte über grosse Siege, die die deutschen Kreuzfahrer unter König Konrad über die Ungläubigen erfochten hätten, zur Fortsetzung der Kreuzfahrt anlockten.

Auch nachdem der Kreuzzug der Jahre 1147;8 gescheitert war, schien sich die gefürchtete Combination noch vollziehen zu sollen, denn der neue Kreuzzug, der in Frankreich unter Sugers Einfluss vorbereitet wurde, beruhte völlig auf dem Gedanken eines Zusammengehens mit Roger von Sicilien, und einer gemeinsamen Bekämpfung der Griechen, weil man deren Tücke und Verrat vor allem das Missgeschick der letzten Kreuzfahrt zuschrieb und sich für die neue nur Erfolg versprach, wenn zuvor das griechische Reich, dieses gefährliche Hemmnis aller Fahrten zur Befreiung des heiligen Landes, beseitigt würde. Der Kreuzzug kam dann bekanntlich nicht zustande[2].

---

1. Odo de Diogilo, l. c.: „quo regnante cruci Christi et sepulchro nihil tutum, quo destructo nihil contrarium".

2. Die Motive lernen wir besonders aus dem Brief Peters von Cluny an Roger von Sicilien kennen (Buch VI, No. 116, Migne Patr. lat. Bd. 189). Er spricht von der „pessima maudita et lamentabilis Graecorum et nequam regis eorum de peregrinis nostris, hoc est exercitu Dei viventis, facta proditio". Er will gern sterben „si mortem tantorum tam nobilium, immo pene totius Galliae et Germaniae miserabili fraude exstinctum florem iustitiae Dei per aliquem suorum dignaretur ulcisci".

Vgl. über den Zweiten Kreuzzug von Sybels vortreffliche Studie (Kleine Hist. Schriften: Bd. I) und Giesebrecht („Gesch. der Deutschen Kaiserzeit", Bd. IV, p. 250—290, 335—340).

Über der Grundidee dieser Kreuzzugsprojekte gegen das griechische Reich werden wir nun nicht vergessen, dass zugleich noch andere Momente die Kreuzfahrer gegen Byzanz in die Schranken getrieben haben. Das waren vor allem weltliche Gelüste, wie Beutegier und Hoffnung auf Landerwerb[1]. Wenn also Normannen und Kreuzfahrer sich in dem Gedanken einer Vernichtung des griechischen Reichs zusammenfanden, so standen nicht etwa jenen, die in erster Stelle weltliche Interessen vertraten, diese lediglich als Verfechter einer religiösen Idee gegenüber, sondern auch bei ihnen wirkten weltliche Beweggründe mit. Und dazu kam noch ein anderes reges Gefühl: der Eifer der rechtgläubigen Katholiken gegen die Schismatiker, die von Rom abtrünnig geworden waren. Da die Unionsverhandlungen, die die Comnenenkaiser mit der Curie pflogen, zu keinem Resultate führten, so bildeten dieser Hass und die Hoffnung, die Griechen durch Gewalt unter das Papsttum beugen zu können, ebenfalls einen mächtigen Hebel, der die Kreuzfahrer gegen Constantinopel in Bewegung setzte[2].

Aber alle diese Interessen waren dem höheren Zweck der Unterstützung des heiligen Landes untergeordnet, oder vielmehr sie ordneten sich ein in den Kreuzzugsplan: wurden sie durchgesetzt, so war damit zugleich das grösste Hindernis der Kreuzzüge beseitigt, und der Kampf gegen die Ungläubigen konnte mit ganz anderer Aussicht auf Erfolg begonnen werden.

---

1. Ordericus Vitalis (l. c. p. 808) erzählt von Boëmund, er sei in Chartres auf die Kanzel gestiegen „et ingenti catervae, quae convenerat, casus suos et res gestas enarravit, omnes armatos secum in imperium ascendere commonuit ac approbatis optionibus urbes et oppida ditissima promisit; unde multi vehementer accensi sunt et accepta cruce Domini omnia sua reliquerunt et quasi ad epula festinantes iter in Jerusalem arripuerunt".

2. Odo de Diogilo (l. c. p. 1223) „Addebat etiam (episcopus Lingonensis), quod ipsa (urbs Constantinopolis) rem Christianitatis non habet sed nomen" u. s. w.

Von keiner Wirksamkeit waren jene Momente bei dem Plan der Eroberung Constantinopels, wie ihn Friedrich Barbarossa während seines Kreuzzugs fasste. Hier wirkte die Kreuzzugsidee ganz für sich, auch unabhängig von der normannischen Politik: der grosse Normanneneinfall Wilhelms II. war bereits gescheitert, als der Kreuzzug stattfand. Lediglich die Feindseligkeit der Griechen, die Unmöglichkeit, den Kreuzzug zu einem gedeihlichen Ziele zu führen, liessen in Friedrich den Plan reifen, im Bunde mit den slavischen Völkern der Balkanhalbinsel, unterstützt durch die Seemacht der italienischen Städte, Constantinopel zu erobern. Sobald aber die Griechen freie Bahn gaben, eilte er dem heiligen Lande zu[1].

c) Die Venetianer, Pisaner und Genuesen

Halten wir hier, etwa im Jahre 1191, einen Augenblick inne. Welch' furchtbare Gefahren hatten doch dem griechischen Reiche seit einem Jahrhundert vom Abendlande her gedroht! Stets waren es Normannen und Kreuzfahrer gewesen, die Byzanz in Schrecken gesetzt hatten, bald jede dieser Mächte für sich — so hier Robert Guiscard und Wilhelm II., dort Friedrich Barbarossa — bald beide in engster Verknüpfung, so bei Boëmunds Einfall und zur Zeit des „zweiten" Kreuzzugs.

Aber allem Ansturm hatte das Rhomäerreich trotz der gleichzeitigen Kämpfe im Norden mit Petschenegen, Magyaren, Serben und Bulgaren und der Türkengefahr im Osten glücklich standgehalten. Nur einige Aussenposten waren verloren gegangen; so hatte während des letzten Normannenkrieges der Admiral Margaritone die Inseln Kephalenia und Zakynthos in Besitz genommen[2], auch die Eroberung Cyperns durch

---

1. Ansberti Hist. de expeditione Friderici Imp., Fontes rer. Austr., Abt. I, SSV, p. 1—90. Vgl. Kugler l. c. p. 212.
2. Hopf l. c. (p. 1,2) p. 181 u. 182. Dyrrhachium und Corfu gab er bald wieder auf.

Richard Löwenherz[1] mag hier Erwähnung finden, obwohl die Insel damals, im Jahre 1191, schon nicht mehr zum byzantinischen Reich gehörte, sondern sich unter einem griechischen Herrn selbständig gemacht hatte.

So hätte denn, abgesehen von diesen Erwerbungen, mehr als ein Jahrhundert des Stürmens und Drängens nach Osten keine dauernde Festsetzung der Abendländer auf griechischem Boden gezeitigt? Zwar nicht auf direktem, aber auf indirektem Wege. Bei dem Verfall der byzantinischen Marine, wie er seit dem XI. Jahrhundert eingetreten war[2], hatten die griechischen Kaiser sich nur dadurch derjenigen abendländischen Mächte, die ihr Reich mit Vernichtung bedrohten, zu erwehren vermocht, dass sie sich um hohen Preis die Unterstützung einer anderen Macht des Abendlandes sicherten.

Diese Macht war die Republik Venedig. Sie hatte, da es in ihrem eigenen Interesse lag, eine Festsetzung der Normannen an der Ostküste der Adria zu verhindern, im Sommer des Jahres 1081 bei Robert Guiscards Angriff auf

---

1. Kugler l. c. p. 220 u. 227.
2. Die Beziehungen Venedigs zu Byzanz im XI. und XII. Jahrhundert werden erst recht verständlich durch eine Betrachtung über die byzantinische Marine, wie sie Carl Neumann in seiner soeben erschienenen Studie „Die byzantinische Marine, ihre Verfassung und ihr Verfall" (Sybels HZ. NF., Bd. 45, Heft 1, p. 1—23) anstellt. Denn der Grund, weshalb die griechischen Kaiser die Hülfe der venetianischen Marine nötig hatten, war der Verfall ihrer eigenen. Während die griechische Flotte, so weist Neumann nach, bis in's XI. Jahrhundert die Osthälfte des Mittelmeers beherrschte, trat damals ihr Verfall ein, weil die eigentliche Flottenprovinz des griechischen Reichs, die Kibyrrhäotische (die Südwestecke Kleinasiens), auf die „der Marinedienst gewissermassen hypotheciert war", ausserordentlich geschwächt wurde 1., durch die Angriffe der Türken und 2., wie die vom Hofe den anderen kleinasiatischen Provinzen gegenüber geübte Praxis vermuten lässt, durch die Vernichtung der militärischen Selbständigkeit der Provinz aus Furcht vor politischen Sonderbestrebungen von Prätendenten und kaiserlichen Usurpatoren.

das griechische Reich dem Hülferuf Alexius' I. Folge geleistet und ihre Flotte an der Seite der Byzantiner gegen die Normannen kämpfen lassen. Daraufhin war es im folgenden Jahre zu einem Vertrage zwischen dem Kaiser und der Republik gekommen: gegen die Verpflichtung, auch künftighin bei Bedrohung der griechischen Herrscher durch auswärtige Feinde ihnen beizustehen[1], erhielt Venedig das erste grosse

---

1. Carl Neumann hat in seiner scharfsinnigen Untersuchung „Ueber die urkundlichen Quellen zur Geschichte der byzantinisch-venetianischen Beziehungen vornehmlich im Zeitalter der Comnenen" (Byzantinische Zeitschrift 1892, p. 366—378) zuerst darauf hingewiesen, dass von Anfang an den Privilegien, die die griechischen Kaiser Venedig erteilten, Verpflichtungen der Venetianer entsprochen haben müssen, dass wir diese Verpflichtungen, die nicht in die kaiserlichen Privilegien eingereiht waren — wie in dem Privileg Kaiser Isaacs aus dem Jahre 1187 — sondern in Spezialurkunden ausgestellt waren, nur nicht mehr besitzen. Neumann beweist diesen Satz — neben Heranziehung von Verträgen Byzanz' mit anderen Mächten aus dem Anfange des XII. Jahrhunderts — aus dem Privileg des Kaisers Johannes (1126), in dem sich eine unverkennbare Anspielung auf solche venetianischen Gegenverpflichtungen findet.

Nun haben wir aber sogar in dem ersten grossen Handelsprivileg, das Venedig erhielt, dem Alexius' I., ebenfalls eine solche Andeutung. Es heisst da am Schluss (Tafel und Thomas: Fontes rerum Austriacarum, Bd. XII, p. 123) „Verum tamen debent et Venetici ea que per factam scripto conventionem a legatis eorum promissa sunt, iure iurando Imperio meo firma servare incorrupta". Aus früheren Stellen desselben Privilegs erfahren wir auch, worin das Versprechen der Hauptsache nach bestanden hat: es heisst da von den Venetianern: „multam benivolentiam et rectum animum erga Romaniam et erga Imperium meum ostenderunt et toto animo hec servare promittunt in perpetuum et pugnare pro Romeorum statu et Christianis pro parte volunt et protestantur". Aehnlich heisst es dann später in der von Neumann angeführten Stelle aus Johannes' Privileg (Tafel und Thomas l. c. p. 182): „pollicentibus et rursum ex toto corde pro Romania pugnare et pro omni christiano ordine sub nostra existenti clementia".

Auch in Manuels Privileg vom Jahre 1147 findet sich eine ähnliche Anspielung (Tafel und Thomas p. 123): „velut etiam Veneticis consueta sibi sacramenta sacra habentibus, servare ad Imperium meum et Romaniam fidem et servitium ipsis operibus puram, veram, rectam".

Handelsprivileg, das ihren Bürgern ein Quartier in Constantinopel sicherte und ihnen die Häfen des griechischen Reiches zu freier Ein- und Ausfuhr öffnete, durch das recht eigentlich die Handelsherrschaft Venedigs dort begründet wurde[1].

Wie klug dieser Schritt des Alexius war, zeigte sich noch während des ersten Normannenkrieges, der in seinem letzten Stadium besonders durch die kräftige Hülfe, die Venedig damals leistete, zu Gunsten der Griechen entschieden wurde; und ebenso gelang die Abwehr von Boëmunds Unternehmen und von dem Einfall Rogers, der während des „zweiten" Kreuzzugs stattfand, vor allem durch die thatkräftige Unterstützung der Venetianer[2].

Auch mit Pisa und Genua ist es im Laufe des XII. Jahrhunderts zu Verträgen gekommen. Indem die Republiken vor allem versprachen, den Bestand des griechischen Reiches nicht durch einen Angriff in Frage zu stellen, auch kein Bündnis mit dessen Feinden einzugehen, und ferner ihre in Romanien ansässigen Bürger zur Verteidigung des Territoriums, in dem sie wohnten, gegen feindliche Angriffe verpflichteten[3], erhielten sie ein Quartier in Constantinopel und Zollermässigungen.

---

1. Das Privileg von 992 (Tafel und Thomas l. c. p. 36—39) wollte dagegen nichts bedeuten. So rechnete auch Alexius III. in der Vorrede zu seinem Privileg von 1198 die eigentliche Handelsherrschaft der Venetianer vom Jahre 1082 ab (Tafel und Thomas p. 248): „Genus Veneticorum plurimum amicabile ac servile circa Romaniam per tempora iam multa et etiam a centum annis et plus connumeratis possidens inconvulse eam et indivisibile detinet".

Auch C. Neumann: „die Markuskirche in Venedig", Preuss. Jahrbuch 1892, p. 620, Anm., vertritt diese Ansicht.

2. Vgl. die betreffenden Abschnitte von Hopf l. c. und Hertzberg l. c. (p. 9,1): für die Hilfe Venedigs bei Boëmunds Einfall ist unsere Quelle Dandolo, l. c. (17,1) p. 261.

3. Diese Verpflichtungen, die sich zuerst in dem Privileg, das Alexius I. den Pisanern im Jahre 1111 erteilte, finden (Documenti sulle relazioni delle città Toscano coll' Oriente, Firenze 1879), wiederholen sich in allen späteren pisanischen und genuesischen Privilegien. Eine Verschärfung zeigen die Verträge mit Genua von 1170 und 1192, wo

Aber was wollten diese Handelsvorteile gegenüber den venetianischen Privilegien besagen? Das wesentliche war doch, dass es für den venetianischen Kaufmann ein griechisches Staatswesen sozusagen nicht mehr gab[1]. An die Stelle des Staats, in dem der Händler von dem Augenblick an, wo er dessen Grenzen überschritt, bis zu dem Zeitpunkt, wo er sie wieder verliess, von einem Heer von Beamten überwacht wurde, wo jedem seiner Handelsakte Abgaben und Gebühren entsprachen, war eine freie Handelssphäre für ihn getreten, in der er seine wirtschaftlichen Interessen völlig ungehindert durchsetzen konnte.

Dass Venedig eine solch' dominierende Stellung einnahm, die beiden anderen grossen italienischen Republiken sich mit einer soviel bescheideneren Lage begnügen mussten, war die Folge der Umstände, unter denen Venedig sein erstes Privileg erhalten hatte. Die bedrängte Lage des Rhomäerreichs machte eine sehr starke Hülfe notwendig: indem die Republik diese damals leistete und auch in Zukunft zu leisten versprach, erhielt sie Concessionen, die der Grösse der Verpflichtungen entsprachen. Pisa und Genua haben den Kaisern solche Dienste weder geleistet noch zugesagt: daher gab es auch keine so weitgehenden Vergünstigungen. Die pisanischen und genuesischen Kaufleute hatten sich nach wie vor der Kontrolle der griechischen Beamtenschaft zu unterziehen, ihre Abgaben hörten nicht auf, sondern wurden nur ermässigt.

---

nicht nur die genuesischen Kolonisten bestimmter Territorien in Romanien verpflichtet werden, falls diese angegriffen würden, den Feind abzuwehren, sondern im Fall einer Bedrohung des byzantinischen Reiches durch eine feindliche Flotte von 100 und mehr Schiffen sämtliche genuesischen Kolonisten in Romanien mit zu Felde ziehen sollen. (Miklosich et Muller: acta et diplomata graeca, Bd. III, p. 34.)

1. Ausser, wenn dieses Reich von Feinden bedroht wurde. Dann galt es, dasselbe mit den Waffen in der Hand zu schützen, weil mit seiner Existenz zugleich die venetianische Handelsherrschaft in Romanien in Frage gestellt wurde.

Dieser wirtschaftliche Vorstoss des Abendlandes, insbesondere der Venetianer, nach dem Ostreich hatte also zu einem dauernden Erfolge geführt.

Es war im Gegensatz zu dem Ansturm der Normannen und Kreuzfahrer ein friedlicher, von den Kaisern selbst durch Urkunden gewährleisteter Vorstoss. Zur Behauptung aber der so errungenen Position hat es wiederholt kriegerischer Mittel bedurft. Denn es kann nicht Wunder nehmen, dass manchen machtvollen Kaiser von Constantinopel diese Abdankung des Staats zu Gunsten der Wirtschaftsinteressen eines Handelsvolkes — so war das Verhältnis zu Venedig — mit grösstem Widerwillen erfüllte, dass sie bestrebt waren dieses lästige Joch abzuschütteln, besonders da der Übermut der Venetianer oft unerträglich wurde[1].

Aber Kaiser Johannes wurde, als er im Jahre 1125 mit der Bestätigung der Privilegien zögerte, daran erinnert, dass die wirtschaftliche Machtstellung Venedigs nur eine Folge der militärischen Abhängigkeit des Rhomäerreichs von der Republik war: die Venetianer begannen so lange die griechischen Inseln zu brandschatzen, bis der Kaiser nachgab und die alten Verträge bestätigte[2]. Und als Manuel, der in der Opposition, die Venedig seinen italienischen Plänen bereitete, noch einen besonderen Grund zur Feindschaft fand[3], im Jahre 1171 an Einem Tage alle in seinem Reiche befindlichen Venetianer verhaften liess, sandte die Republik abermals ihre Flotte ins ägäische Meer; da diese jedoch nichts ausrichtete, nahm sie zu einem anderen Pressionsmittel ihre Zuflucht: sie schloss im Jahre 1175 ein Bündnis mit den Erzfeinden der Griechen, den Normannen. Sofort lenkte Manuel ein: er bewilligte den Venetianern die alten Handelsvorteile und sagte ihnen eine Entschädigungssumme zu[4].

---

1. Cinnamus (ed. Bonn.), p. 281. Nicetas (ed. Bonn.), p. 223.
2. Heyd: Hist. du commerce du Levant, Bd. I, p. 195 u. 196.
3. S. p. 31 Anm. 2.
4. vgl. Heyd, l. c., p. 215—220.

Noch ganz anders als auf den Kaisern lastete der Druck der venetianischen Handelsherrschaft auf dem griechischen Volk, und bei dem Thronwechsel des Jahres 1182 machte sich der lange verhaltene Hass in einem Massenmorde, nun nicht nur der venetianischen, sondern sämtlicher in der Hauptstadt ansässigen abendländischen Kaufleute Luft. Unter Andronicus gab es fast keine Lateiner in Constantinopel, nur in den Provinzialstädten hatten sie noch ihre Quartiere[1]. Diesesmal bedurfte es keines Druckes seitens der Venetianer, um die alten Zustände herzustellen, sondern Kaiser Isaac Angelus, der 1185 den Thron bestieg, kam ihnen, als sie durch eine Gesandtschaft mit ihm in Verhandlung traten, bereitwillig entgegen, vornehmlich in der Erkenntnis, dass die byzantinische Marine ohne venetianische Hülfe nicht imstande sein werde, feindliche Angriffe abzuwehren[2]. Im Jahre 1187 willigte er in die Erneuerung des Vertrages auf der alten Grundlage: Bestätigung der venetianischen Handelsprivilegien gegen die Verpflichtung der Republik, den Kaisern im Falle einer Gefahr des griechischen Reichs ihre Streitkräfte zur Verfügung zu stellen[3].

---

1. Heyd, p. 222—224.
2. Heyd, p. 225.
3. Hier haben wir den vollständigen Vertrag vor uns, da die venetianischen Verpflichtungen in eine der Goldbullen, die Isaac im Februar 1187 Venedig erteilte, eingereiht sind. (Tafel u. Thomas, p. 195—201). Sie stellen wohl im wesentlichen eine Erneuerung der früher eingegangenen Verpflichtungen dar. Ein sicherer Beweis dafür lässt sich aus den Bullen Isaacs nicht erbringen, weil dieser sich so ausdrückt, als ob die früheren Privilegien immer Belohnungen für bereits geleistete Dienste gewesen seien, also der Thatbestand verschleiert wird, dass auch damals den Privilegien venetianische Gegenverpflichtungen entsprachen. Jedenfalls ist der Kern der Versprechungen, die die Republik im Jahre 1187 machte, derselbe, wie der der Alexius I. geleisteten: das „pugnare pro Romeorum statu." cf. p. 23 Anm. 1.

Die Gewährung der Handelsherrschaft in Romanien ist nicht das einzige Mittel gewesen, durch das Alexius I. die Venetianer an sich zu fesseln wusste[1]. Nicht lange Zeit nach dieser handelspolitischen Konzession hat er ihnen eine territoriale gemacht, indem er ihnen die Herrschaft über Kroatien und Dalmatien übertrug und dem Dogen Vitale Falieri die Annahme des Titels „Herzog von Dalmatien und Kroatien" gestattete[2]. In erster Linie handelte es sich dabei um das dalmatische Küstenland: der Kaiser erteilte so einem seit Anfang des Jahrhunderts bestehenden Verhältnis der Oberherrschaft, das Venedig dort ausübte, die endgültige Sanktion. Der Zweck dieser Verleihung war genau derselbe, wie der des Handelsprivilegs: durch die Begünstigung der Venetianer andere gefährlichere Mächte am Vordringen zu hindern. Einmal galt es eine Festsetzung der Normannen in diesen Gebieten, wie sie schon 1075 versucht worden war[3], zu verhüten, sodann aber hatten die Ungarn im Jahre 1091 Kroatien unterworfen und es stand nun auch von dieser Seite eine Bedrohung des griechischen Besitzes in Dalmatien bevor. Besonders unter dem Eindruck des letzteren Ereignisses wird Alexius I. sich zu jener Konzession verstanden haben[4]. Der

---

1. Eine eingehendere Behandlung der dalmatisch-kroatischen Verhältnisse empfahl mir Herr Prof. Dr. Sternfeld.
2. Dandolo, Muratori SS. rer. It. Bd. XII. p. 250: „Qui (Vitale Phaledro) Augusti hortatione .... Legatos Constantinopolim misit, ut Iurisdictiones Dalmatiae et Croatiae sibi ab incolis traditas obtineret, quas Constantinopolitano imperio pertinere noverat.... Euntes autem Legati ab Alexio alacriter visi Crusobolium Dalmatiae et Croatiae et Sedis Protosevastos obtinuerunt. Quibus postea reversis Dux suo addidit titulo: Dalmatiae atque Croatiae et Imperialis Protosevastos.
3. S. o. p. 11, Anm. 2.
4. Ich kann das Bedenken, das Walter Lenel: „Die Entstehung der Vorherrschaft Venedigs an der Adria" Strassburg 1897, p. 18 gegen die in Anm. 2 citierte Stelle aus Dandolo hat, nicht teilen. So sehr es angezeigt ist, jede Nachricht Dandolos gerade bei diesen adriatischen Beziehungen auf ihre Glaubwürdigkeit genau zu prüfen, wie Lenel in seiner Beilage „Zur Kritik Andrea Dandolos" p. 85 ff. nachweist, so

Erfolg ist allerdings ein geringer gewesen: Kroatien blieb in den Händen der Ungarn, und bald darauf bemächtigten sie sich auch des dalmatischen Küstenstriches; in wechselvollen Kämpfen, die im XII. Jahrhundert zwischen Venedig und Ungarn ausgefochten wurden, haben die Venetianer schliesslich nur Zara und einige Inseln zu behaupten vermocht, während der ganze Süden bei Ungarn verblieb[1].

Hatte die Eroberung Kroatiens durch die Magyaren keinen grossen Verlust für Byzanz bedeutet, da die Verbindung mit diesem Lande stets eine lockere gewesen war, sich zuletzt fast völlig gelöst hatte[2], so trat die Herrschaft Ungarns wie Venedigs in Dalmatien ziemlich unmittelbar an die Stelle der griechischen, war doch die Erinnerung an dessen Zugehörigkeit zum griechischen Reiche noch das ganze XI. Jahrhundert immer wieder aufgetaucht[3]; und so ist die venetianische Erwerbung eines Teils von Dalmatien als ein Glied in der Kette der dem Griechentum von den Abendländern abge-

---

scheint doch jene Nachricht durchaus den Verhältnissen zu entsprechen. 1091 hatten die Ungarn Kroatien erobert: damit war Dalmatien nun nicht nur von den Normannen, sondern auch von den Ungarn bedroht, d. h. von zwei gefährlichen Nachbarn Byzanzs. Um zu verhindern, dass es in deren Gewalt fiele, übertrug er die Herrschaft über Dalmatien und Kroatien Venedig: die Republik würde imstande sein, jenes zu schützen, dieses vielleicht den Ungarn abzunehmen; die Verstärkung der Seemacht Venedigs durch dalmatische Streitkräfte konnte dem griechischen Kaiser, wenn er seine Hülfe brauchte, nur angenehm sein. Schon Joh. Lucius „De regno Dalmatiae et Croatiae" (1066) bei Schwandtner SS. rer. Ung. Bd. III. p. 177 ist der Ansicht, die Verleihung sei erfolgt, „ut esset simul qui Dalmatas ab Ungaris defendere eorundemque unionem cum inimicis Northmannis impedire posset classemque Venetorum auxiliarem Dalmaticis viribus fulcitam in promtu haberet:.." — Wir sehen den Dogen den neuen Titel zuerst in einer Urkunde aus dem Jahre 1094 führen. Dandolo l. c. p. 251 (Lenel p. 18, Anm. 2).

1. Lenel p. 20—26.
2. Hertzberg p. 289.
3. Lenel p. 14.

rungenen Positionen zu betrachten[1]; auch sie geschah, wie jene andere Erwerbung Venedigs, im Einverständnis mit Byzanz; der griechische Kaiser gab sie zu, um so die Ungarn von dort fernzuhalten.

d) Heinrich VI.[2]

Wie die byzantinischen Kaiser durch die territoriale Vergünstigung, die sie Venedig erteilten, dem Vordringen der Ungarn einen Damm setzten, so war es ihnen, wie wir oben sahen, durch die wirtschaftliche Machtstellung, die sie der Republik in ihrem Reiche einräumten und infolge der sich daran knüpfenden venetianischen Verpflichtungen gelungen, dasselbe durch die schwere Gefahr, mit der es die Normannen und Kreuzfahrer bedrohten, hindurchzuretten.

Noch einmal aber verfinsterte sich der Horizont im Westen, als Kaiser Heinrich VI. Erbe des Normannenstaates wurde. Dadurch kam ein neues treibendes Moment in die Offensivbewegung der Abendländer gen Osten hinein: der Anspruch der Kaiser des Occidents auf die Herrschaft über die ganze Christenheit. Zwar hatte er bei ihnen seit dem Jahre 800 bestanden, und andrerseits haben die griechischen Kaiser sich immer als die allein berechtigten Nachfolger der römischen Caesaren gefühlt. Aber bis zur Mitte des XII. Jahrh. dachte man im Westen gar nicht an eine Durchsetzung des Anspruchs, und Kaiser von Byzanz haben nur vorübergehend bei der römischen Kurie eine Anerkennung ihrer Prätensionen zu erlangen gesucht. Das Verhältnis der Reiche zu einander war

---

1. Auf diesen Nachweis kam es mir an. Die ungarische Invasion war hier nur deshalb zu behandeln, weil sie vornehmlich die venetianische Festsetzung in Dalmatien erklärt. Die Gesamtbeziehungen des ungarischen Reiches zu Byzanz gehören mehr in den Zusammenhang derjenigen der halbbarbarischen Donauvölker zum griechischen Reich; auf sie habe ich nicht weiter einzugehen.

2. Über die griechischen Pläne Heinrichs VI. vgl. besonders Streit, l. c. (p. 1,2), p. 23 u. 24. Unsere Hauptquelle ist Nicetas, p. 627 u. 628.

ein überwiegend freundschaftliches, es war seit dem Bündnis Heinrichs IV. mit Alexius bestimmt durch die Interessengemeinschaft beider Imperien gegenüber den Normannen[1].

Da war es zuerst der griechische Kaiser Manuel, der es sich zur Lebensaufgabe setzte, den Titel eines Beherrschers der Christenheit zur Wirklichkeit zu machen, so wie er es zur Zeit seines grossen Vorgängers Justinian gewesen war, der dieses Ziel durch Diplomatie, Intriguen und Waffengewalt zu erreichen suchte.

Friedrich Barbarossa hat sich dem grossartig angelegten Unternehmen gegenüber in der Defensive gehalten[2], und es ist ihm gelungen, seinen Besitzstand ungeschmälert zu behaupten, weniger zwar durch eigene Waffenerfolge, als durch die Thatsache, dass Manuel sich im Kampfe mit Normannen, Venetianern und Ungarn gewissermassen verblutete, d. h. lauter Mächten, die trotz ihres Gegensatzes zu Deutschland gezwungen waren, zur Abwehr der Griechengefahr sich mit Friedrich zu verbinden, die so „zu unfreiwilligen Verteidigern des abendländischen Kaisertums bestellt waren²."

So scheiterte Manuels Unternehmen. Es war eben ein Schwimmen gegen den Strom gewesen. Wie ganz anders als er vermochte doch der Kaiser des Abendlandes, der nun seinerseits zur Offensive griff, Heinrich VI., seinen imperialen Machtansprüchen Nachdruck zu verleihen, er, der als Erbe des normannischen Militärstaates und der normannischen Traditionen Vertreter derjenigen abendländischen Macht war, die dem Rhomäerreich bereits wiederholt ans Leben

---

1. Von Kap-Herr „Die abendländische Politik Kaiser Manuels" Strassburg 1881, Einleitung.

2. S. von Kap-Herrs eben citiertes grundlegendes Werk, auf das ich für alles Nähere verweise. Den Grund zur Feindschaft zwischen Venedig und Byzanz bildete vornehmlich die Festsetzung der Griechen in Ancona. p. 94—96. Vgl. übr. p. 26 meiner Abhandlung.

gegriffen hatte[1]. Und auch die Kreuzzugsidee machte ihn zum Feind der Kaiser von Byzanz: so war die treulose Politik der Griechen einer der schweren Vorwürfe, die er gegen Isaac und Alexius III. erhob, und drohend forderte er vom einen wie vom anderen neben Abtretung der Hälfte ihres Reichs, Heeresfolge ins heilige Land[2]. Alexius III. hat sich nun dadurch, dass er sich Heinrich zu einem hohen Tribut verpflichtete, zunächst von der Erfüllung jener Forderungen losgekauft, aber sicherlich wäre dieser auf sie zurückgekommen, ja er würde nicht eher geruht haben, als bis er sich selbst die Kaiserkrone von Constantinopel aufs Haupt gesetzt hätte[3], wäre er nicht in so jungen Jahren ins Grab gesunken.

1. Für wie wichtig der Besitz Siciliens zur Durchsetzung der imperialen Machtansprüche galt, beweisen die Worte, die in Innocenz' Brief an Alexius III. vom 16. Nov. 1202 (Buch V No. 122, ed Baluze p. 673): „Si enim idem Philippus obtinuisset imperium, multa tibi ex imperio suo gravamina provenissent, cum per terram ... Friderici, illustris regis Siciliae, nepotis sui, in imperium tuum insurgere de facili potuisset ..."

2. Nicetas, l. c. (p. 30,2), p. 628: „Προσαπήτει δὲ ὡς εἰ κυρίων κύριος καθιστήκει καὶ βασιλεὺς ἀναδίδεικται βασιλέων, συνάρασθαι τοῖς κατὰ Παλαιστίνην ὁμογινέσιν ἐκείνῳ δι' ἀποστολῆς ναυμαχικῆς στρατιᾶς." Man wundere sich nicht, dass hier nicht auf den Plan der Eroberung Constantinopels, den Friedrich Barbarossa während seines Kreuzzuges fasste, Bezug genommen wird. Er war im Capitel „Kreuzfahrer" zu behandeln. Bei Heinrich waren die Kreuzzugsforderungen seinen imperialen Machtplänen untergeordnet; Friedrich wurde lediglich durch das Kreuzzugsinteresse veranlasst, eine Eroberung Constantinopels ins Auge zu fassen. Er gab den Plan auf, als der Widerstand, den die Griechen den Kreuzfahrern bereiteten, aufhörte. Vgl. p. 21.

3. Innocenz fährt in der Anm. 1 citierten Stelle fort: „Sicut Henricus olim imperator per Siciliam tuum proposuerat imperium occupare."

2. Der Vierte Kreuzzug.

a) Die veränderte Weltlage: das Eintreten des deutschen Königs, der Venetianer und Kreuzfahrer für den Prätendenten Alexius.

Der Tod Heinrichs VI. bezeichnet einen Wendepunkt in den Beziehungen des Abendlandes zu Byzanz.

Das sicilische Reich wurde, nachdem Heinrichs Witwe, Constanze, dort zur Regierung gelangt war, und ebenso nach ihrem Tode unter Innocenz' III. Regentschaft, von vielen Parteiungen zerklüftet: diese alte Operationsbasis gegen das griechische Reich war in ihren Grundfesten erschüttert.

Philipp von Schwaben aber konnte nicht wie sein Bruder Heinrich an einen Vernichtungskrieg gegen Byzanz denken, da er zunächst mit Otto von Braunschweig um den Besitz Deutschlands zu ringen hatte.

Auch der Kreuzzugsgeist, der bei der misstrauischen, oft feindlichen Haltung der Griechen gegenüber den Kreuzfahrern wiederholt Byzanz Verderben gedroht hatte, schien bei der neuen Unternehmung gegen die Ungläubigen, die damals vorbereitet wurde, keine Gefahr bringen zu sollen: nicht wie auf den bisherigen Zügen erhob sich ein grosser Teil des Abendlandes, sondern nach langem Bemühen des Papstes Innocenz' III. hatte lediglich ein Teil der Ritterschaft Frankreichs das Kreuz genommen, und er beschloss ausserdem, statt den Landweg über Constantinopel zu wählen, direkt über's Meer nach Aegypten zu segeln.

Und auch den Venetianern, die ja oft mit den Waffen in der Hand ihre Privilegien hatten erzwingen müssen, war damals durch die Bestätigung aller ihrer alten Handelsvorteile im Jahre 1198[1] jeder Grund zu solch' einem feindlichen Auftreten genommen. Und wenn zwar in den 90er Jahren des XII. Jahrhunderts die pisanischen und genuesischen Corsaren eine böse Plage für die griechischen Küstenlandschaften und

---

1. Tafel und Thomas, l. c. p. 246—278.

Inseln bildeten, so war die Haltung der Mutterstädte nichtsdestoweniger eine friedliche. Besonders wenn die Kaiser Repressalien gegen ihre in Constantinopel ansässigen Bürger anwandten, liessen sie sich gern zur Desavouierung dieser Seeräuber herbei[1]. Mit beiden wurde auch wegen neuer Verträge verhandelt[2].

Bei dieser Lage der Dinge im Abendlande schien dem Rhomäerreich von dort um die Wende des Jahrhunderts keine ernstliche Gefahr erwachsen zu sollen.

Und dennoch schaute der Herrscher, der damals auf dem Thron von Constantinopel sass, besorgten Blickes nach Westen. Mochte auch keine abendländische Macht das griechische Reich mit Vernichtung bedrohen, sein, Alexius' III., Anrecht auf die Herrschaft über dieses Reich war zu schwach begründet, als dass er nicht für ihren Bestand hätte fürchten müssen. Er war ein Usurpator und war nur durch die Blendung seines Bruders Isaac und die Einkerkerung von Isaacs Sohn Alexius zum Throne gelangt.

Das Bedrohliche war nun, dass Isaacs Tochter Irene die Gemahlin Philipps von Schwaben war: es war zu besorgen, dass dieser, sobald sich ihm Gelegenheit böte, für die beiden Eingekerkerten eintreten würde. In der That hat Alexius III. im Jahre 1198 Ähnliches gefürchtet, denn die Venetianer mussten sich in dem Vertrage, den sie damals nach dem Muster des Abkommens mit Isaac vom Jahre 1187 mit Alexius schlossen, ausdrücklich verpflichten, das griechische Reich auch gegen den deutschen König zu schützen, falls derselbe es angriffe[3], während in dem Vertrage mit Isaac an

---

1. Hopf, l. c. p. 169, 173—174; Heyd, l. c. p. 232—235, 239—240.
2. Heyd, p. 236, 239 u. 240.
3. Tafel und Thomas, l. c., p. 254 . . . „deffendent Romaniam Venetici contra omnem hominem coronatum et non coronatum et contra omnem gentem Romaniam nocere volentem . . . et contra ipsum regem Alemannie."
p. 255: „Hanc itaque conventionem firmam custodient Venetici . . . nec pro aliquo precepto vel timore alicuius coronate persone vel non

der Stelle, wo Venedig sich gegen die Feinde Griechenlands verpflichtete, der deutsche König ausgenommen worden war[1]. Dagegen war der Artikel aus dem Vertrage von 1187, der Venedig zur Hülfe gegen den Normannenkönig verpflichtete[2], fortgelassen. Nichts zeigt besser die veränderte Lage: von Sicilien war in der That nichts mehr zu besorgen, gefährlich konnte nur der deutsche König, der Verwandte der Angeli, werden. Die Venetianer hatten sich lange gegen die Aufnahme dieser Bedingung in den Vertrag gesträubt, ja, als Alexius zögerte, alle Privilegien zu bewilligen, hatten sie seine Angst vor Philipp benutzt, um einen Druck auf ihn auszuüben, indem sie ihm drohten, die deutsche Politik zu unterstützen und Philipps Schwager Alexius zu seinem Rechte zu verhelfen[3]. Als dann der Kaiser daraufhin nachgab, liessen die Venetianer auch ihren Widerspruch fallen und übernahmen jene Verpflichtung gegen den deutschen König[4].

So war die Lage bei Anbruch des neuen Jahrhunderts: keine Macht des Abendlandes stellte mehr die Existenz des griechischen Reiches in Frage, nur sass auf seinem Thron ein Usurpator, der sich nicht sicher fühlte in seinem geraubten Besitz.

Sein grosser Fehler war nun, dass er sich gerade die Venetianer zu Feinden machte, sie, die ihm bereits bei der Verhandlung über den Vertrag mit Unterstützung seines Neffen gedroht, d. h. ihn an sein schwach fundiertes Thron-

---

coronate, vel ipsius regis Alemannie ... huiusmodi violabunt conventionem vel iuramentum."

1. l. c., p. 190 ... „salva tamen concordia, quam cum nobilissimo rege Alemannie habent, quousque dissoluta non fuerit."
2. l. c., p. 190.
3. Dandolo Mur. XII, p. 319: Alexius fürchtete „ne Veneti erga eum nepoti assisterent" und wirklich drohten die venetianischen Gesandten damit: „quia nuntiis audiens, quod timebat" bestätigte er die Privilegien.
4. vgl. über diesen Vertrag zwischen Alexius III. und Venedig Heyd, l. c., p. 226 u. 227.

recht gemahnt hatten, die in dem Dogen Dandolo einen Mann als Haupt besassen, der um so eher geneigt war, jede den Venetianern in Byzanz widerfahrene Schmach zu rächen, als er selbst durch die Tücke der Byzantiner seines Augenlichtes beraubt worden war[1]. Des Übergewichts der Venetianer in seinem Reiche und seiner Hauptstadt satt, bedrückte sie der Kaiser unter Verletzung der bestehenden Verträge in jeder Weise durch Zollforderungen und zog ihnen, was sie am empfindlichsten verletzen musste, die Pisaner in allen Stücken vor. Auch schob er von Frist zu Frist die Zahlung der seit Manuel noch rückständigen Entschädigungssumme auf[2]. Und wenn er nur wenigstens Bruder und Neffen im Kerker gehörig hätte überwachen lassen! Dies that er aber so wenig, dass Isaac mit dem deutschen Hofe über den Sturz des Usurpators Verhandlungen pflegen[3], und dass es schliesslich dem jungen Alexius gelingen konnte, ins Abendland zu entfliehen[4].

Es war vorauszusehen, dass dessen Verwandte auf dem deutschen Königsthron nach Kräften für ihn eintreten, dass andrerseits die Venetianer, die noch besonders erbittert waren über die Verbindungen, die Alexius III. im Jahre 1201 auch mit Genua angeknüpft hatte[5], nicht zögern würden, ihre Drohung, durch die sie den Vertrag mit diesem erzwungen hatten, wahr zu machen, nachdem er ihn gebrochen.

Als die Flucht stattfand, war man im Abendlande mit Vorbereitungen zu jenem neuen Kreuzzug beschäftigt, von dem schon oben die Rede war, gerade Venedig aber war die

---

1. Hopf, l. c., p. 190.
2. Nicetas (ed. Bonn.), p. 712 u. 713, cf. Heyd, p. 238.
3. Nicetas, p. 710: „Ἰσαάκιος γράμματα πρὸς Εἰρήνην πέμπων, τὴν θυγατέρα, κοινωνὸν λέχους Φιλίππῳ τῷ κρατοῦντι τότε Ἀλαμανῶν, πρὸς τὴν πατρῴαν ἐκδίκησιν ὑπαλείφοντα, κἀκεῖθεν διαποτώμενα ἔχων ἀντίγραφα τὸ ποιητέον αὐτῷ εἰσηγούμενα."
4. Ob die Flucht im Frühjahr 1201 oder 1202 stattfand, lässt sich nicht sicher feststellen. Es kommt auch nicht allzuviel darauf an. vgl. die weitere Darstellung oben.
5. Heyd, l. c. p. 239—42.

Seemacht, die sich zur Übersetzung der Kreuzfahrer verpflichtet hatte und ein beträchtliches Kontingent ihrer Bürger mitsandte[1].

Es lag nun nahe, dass sowohl Philipp, der selbst nicht zu thatkräftiger Unterstützung seines Schwagers imstande war, als die Venetianer es sich angelegen sein liessen, die Kreuzfahrer für die Rückführung des jungen Alexius zu gewinnen.

Philipp, an dessen Hof sich Alexius begeben hatte[2], sandte nach Beratung mit seinem Schwager etwa im September 1202 Boten an die Kreuzfahrer nach Venedig, und zwar machte Alexius diesen grosse Versprechungen für den Fall, dass sie ihm zum Throne verhelfen würden[3]. Dort trat,

---

1. Der Überfahrtsvertrag bei Tafel und Thomas, l. c. p. 362—73.

2. Er kam von Rom, wo er bei Innocenz als Kläger gegen seinen thronräuberischen Oheim aufgetreten war. Dass er nicht erst nach Deutschland ging und von da nach Rom, lehrt eine Betrachtung derjenigen Quellen, die von seinem Aufenthalt sowohl in Deutschland als in Rom melden: nur diese können in Betracht kommen. Es sind die gesta Innocentii (ed. Baluze c. 82) und Sozomenus von Pistoja (Muratori SS. rer. Ital. suppl. Bd. I, p. 83) und die Chronik von Nowgorod (Hopf, chroniques gréco-romanes, p. 94). Die Nachricht der beiden ersten Quellen, nach denen Alexius zuerst in Rom war, ist der der letzten, nach der er zunächst Deutschland besuchte, vorzuziehen. Andere Argumente für die Priorität des römischen Aufenthalts bei Tessier, l. c. (p. 2, Anm. 2) p. 145.

3. Während sich nicht sicher feststellen lässt, ob Bonifaz von Montferrat gerade der Unterhändler Philipps in Venedig war, indem nämlich zwischen beiden Weihnachten des Jahres 1201 ein Vertrag zur Rückführung des jungen Alexius geschlossen wäre (das ist Riants Ansicht in „Revue des Quest. Hist.", Bd. XVII; s. Teil II meiner Abhandlung), steht es fest, dass bereits in Venedig zwischen Philipp (resp. Alexius), den Venetianern und Führern des Kreuzheeres über die entscheidenden Fragen verhandelt wurde. ep Innoc. vom 16. Nov. 1202 an Alexius III. (Baluze, p. 673): „. . . praedictus Alexius olim ad praesentiam nostram accedens gravem in nostra et fratrum nostrorum praesentia . . proposuit questionem . . . . cumque nos eidem dedissemus responsum iuxta quod vidimus expedire, recessit a nobis, et ad prae-

wie wir annehmen dürfen, von vornherein der Doge im Interesse seiner Vaterstadt für das griechische Projekt ein, und dann gelang es auch die Führer des Kreuzheeres — die Beratungen in Venedig waren geheimer Natur — für Alexius zu gewinnen. Besonders war Bonifaz von Montferrat, dessen Brüder, der eine als Schwiegersohn Kaiser Manuels, der andere als Retter des griechischen Reichs aus der Normannengefahr im Jahre 1185, hohe Ehren in Byzanz genossen hatten, leicht geneigt, ihrem Vorbild zu folgen und sich durch die Unterstützung eines Thronprätendenten ein Anrecht auf ähnliche Auszeichnungen zu sichern[1]. Gewiss hat auch den

---

dictum Philippum sororium suum concitus properavit, cum quo deliberato consilio sic effecit, quod idem Philippus nuntios suos ad principes exercitus Christiani sine qualibet dilatione transmisit, rogans eos et petens, ut, quia pater suus et ipse fuerant iure suo et imperio nequiter spoliati, cum eo Constantinopolitanum deberent regnum intrare, ac ad illud recuperandum eidem praestare consilium et favorem, promittens eisdem, quod tam in subsidium terrae sanctae quam in expensis et donativis, eis magnifice responderet, paratus etiam in omnibus et per omnia nostris stare mandatis et quod sacrosanctam Romanam ecclesiam vellet iuxta posse suum modis omnibus honorare ac ea efficere quae nostrae forent placita voluntati". Da Innocenz also am 16. Nov. schon über diese Dinge Bescheid weiss, und wie es im Briefe weiter heisst, sein Legat Peter Capuano, der die Kreuzfahrer noch in Venedig verlassen hat, ihm über die Verhandlungen zwischen diesen und Philipps Boten berichtete, so müssen sie eben dort stattgefunden haben. Tessiers gegenteilige, auf Grund von Villehardouin (ed. Bouchet 1891) c. 57 u. 58 aufgestellte Behauptungen (l. c. p. 147 ff.) sind daher zurückzuweisen. Zum Abschluss ist es allerdings erst in Zara anfangs des Jahres 1203 gekommen, und die meisten Quellen wissen nur von diesen Verhandlungen in Zara zu erzählen, die geheimen Beratungen in Venedig sind ihnen unbekannt.

1. Über die Beziehungen der Montferrats zu Byzanz vgl. bes. Jlgen: „Conrad von Montferrat" p. 60—62, 69—72. Alexius versprach Bonifaz die Insel Creta und eine Geldsumme nach seiner Einsetzung zu schenken. Wir erfahren das aus der Urkunde vom 12. August 1204, in der Bonifaz diese Ansprüche an Venedig abtritt. Tafel und Thomas, l. c. p. 513, 461, cf. Riant: Revue des Quest. Hist., XVIII. p. 30.

anderen Führern, Balduin von Flandern, Ludwig von Blois und Hugo von St. Pol, das Versprechen reichlicher Belohnung für ihre Beihülfe[1], zugleich auch die in Aussicht gestellte Kirchenunion[2], die allerdings vor allem dazu dienen sollte, den Papst dem Unternehmen günstig zu stimmen[3], die Unterstützung des Alexius ganz besonders annehmbar gemacht. Die Hauptsache aber war, dass dieser die Verpflichtung einging, nach seiner Einsetzung die Kreuzfahrer durch Truppen, Geld und Lebensmittel zu unterstützen, dass Constantinopel nur eine Etappe auf der Heerfahrt gegen die Ungläubigen bilden sollte[4].

Nachdem so die Führer des Unternehmens für das griechische Projekt gewonnen waren, kehrten Philipps Boten

---

1. Alexius verpflichtete sich, nach seiner Einsetzung 200 000 Mark an die Kreuzfahrer zu zahlen, wie unter den Anmerk. 4 genannten Quellen, l. c., Villh., ep. cruces, ep. Hugonis, Clari, Chron. Halb., Günther unter Angabe der Summe melden; ep. Innoc., Sozom., Dandolo andeuten.

Ernoul (ed. Mas Latrie, p. 360) berichtet: „Là atirerent que li quens de Flandres aroit CM mars, li dus de Venisse CM mars, li marcis CM mars; et li quens de S. Pol. LM mars. Cil avoire lor fu creautés à doner pour eaus et pour les chevaliers de lor tieres".

2. Von den Anmerk. 1 genannten Quellen erwähnen das Unionsversprechen l. c. Villh., ep. cruc., ep. Innoc., Rob. v. Aux., Rigord, Günther, Dandolo, Sozom.

Die vier Bischöfe des Heeres (von Troyes, Soissons, Halberstadt, Accon) traten mit zuerst für das griechische Projekt ein: sie gehörten zu denen, die in Zara mit Alexius' und Philipps Boten den Vertrag abschlossen. Riant, Recueil des Quest. Hist. XVIII, p. 22.

3. s. Teil II c. 1. dieser Abhandlung (p. 76).

4. Fast sämtliche wichtigen abendländischen Quellen, die den Vierten Kreuzzug ausführlicher behandeln, lassen den jungen Alexius, wie zur Vollziehung der Kirchenunion und zu Geldgeschenken, so zu thatkräftiger Unterstützung der Kreuzfahrt nach seiner Einsetzung sich verpflichten, d. h. nach ihnen betrachteten die beteiligten Mächte die Wendung gegen Constantinopel als einen Umweg, der zwar etwas später, aber dafür um so sicherer zum Ziele führen sollte.

nach Deutschland zurück, während die Kreuzfahrer den Venetianern Zara erobern halfen, jene dalmatische Stadt, die — wie vorher bereits im Jahre 1166 — abermals 1180 das venetianische Joch abgeschüttelt und sich dem Ungarnkönig unterstellt hatte, und um deren Besitz Venedig seitdem langwierige Kriege mit Ungarn — bisher ohne Erfolg — geführt

---

Alexius verpflichtete sich:

a) zu militärischer Unterstützung der Kreuzfahrer. (Er versprach nach seiner Einsetzung entweder selbst am Kreuzzuge teilzunehmen oder 10000 Mann auf ein Jahr mitzusenden, ausserdem 500 Söldner, so lange er lebe, im heiligen Lande zu dessen Bewachung zu halten).

b) zur Lieferung von Lebensmitteln auf ein Jahr;

c) zur Unterhaltung der Flotte auf ein weiteres Jahr. (Dies war eine finanzielle Verpflichtung, sie besagte, dass der junge Alexius den Venetianern die Summe zahlen werde, die sie für die Stellung einer Flotte auf ein weiteres Jahr fordern würden.)

Alle 3 Verpflichtungen erwähnen folgende Quellen:

ep. baronum crucesignatorum (1204) [Tafel u. Thomas, l. c. p. 431] und Robert Clari (ed. Hopf: chroniques gréco-romanes c. XXXII);

a und b erwähnen Villehardouin (ed. Bouchet 1801) c. 48, ep. Hugonis comitis S. Pauli (1204), Tafel u. Thomas, p. 305, Rigord: de gestis Philippi Augusti Bouquet, Bd. XVIII, p. 55, Robert von Auxerre, chronicon MG. SS. XXVI, p. 265.

b und c erwähnt Chron. von Halberstadt MG. SS. XXIII, p. 118.

Allgemeiner Ausdrücke bedienen sich:

Innocenz in seinem Briefe vom 16. Nov. 1202 (Baluze, p. 673) an Alexius III. „promittens eisdem quod tam in subsidium terrae sanctae quam in expensis et donativis eis magnifice responderet", danach Sozomenus von Pistoja Muratori SS. rer. Ital. suppl. Bd. I, p. 83;

ferner: Günther von Paris (ed. Riant: Exuviae Sacrae Constantinopolitanae, Bd. I, p. 85); Dandolo: chron. (Muratori, Bd. XII, p. 322) und die devastatio Constantinopolitana (ed. Hopf, l. c. p. 89), die, zwar erst nach der Einsetzung des Alexius, diesen schwören lässt: „quod per unum annum totum pasceret exercitum, tam Venetos quam peregrinos; iuravit etiam, quod si apud Constantinopolim secum hiemare vellent,

hatte[1]. Es war die Bedingung, unter der die Venetianer, obwohl ihnen noch nicht die ganze Überfahrtssumme gezahlt worden war, den Kreuzfahrern ihre Flotte weiter zur Verfügung stellten[2].

Vor der Abfahrt von Venedig nahmen der Doge und seine Venetianer selbst das Kreuz[3], vornehmlich, um zu beweisen, dass dieses Unternehmen gegen Zara nur eine Episode bilden solle, und dass das Endziel der Fahrt unverändert bleibe.

Die Stadt wurde erobert, und während das Heer dort überwinterte, erschienen Philipps Boten wieder, mit Vollmachten zum Abschluss versehen[4]. Hier liess sich nun ein Teil der Kreuzfahrer, voran die vier Bischöfe des Heeres, von ähnlichen Erwägungen wie die Führer leiten[5], und trat vor allem in dem Gedanken, dass das griechische Unternehmen

---

ipse in proximo Martio venturo cum iis pergeret accepta cruce cum omnibus que habere posset."

Auch der Verfasser der gesta Innocentii III. (ed. Baluze, c. 89) erwähnt „pacta cum eis inita", die Alexius zu halten versprochen habe, „postquam imperium obtineret".

Die zwei wichtigen abendländischen Quellen, die noch übrig bleiben, sprechen zwar nicht von jenen Verpflichtungen: ihre Darstellung der Wendung des Vierten Kreuzzugs gegen Constantinopel ist aber darum keine andere: sie begnügen sich, was diese Wendung betrifft, mit der Konstatierung der Thatsache, dass die Kreuzfahrer für den jungen Alexius eintraten: Sicard von Cremona (Muratori. Bd. VII. p. 619—21). Chron. Altinate MG. SS. XIV. p. 92.

1. Fessler: Geschichte von Ungarn, Band I. p. 266, 271—75, 297, vgl. p. 29 meiner Abhandlung.

2. Siehe vor allem Villehardouin, l. c. c. 34. vgl. p. 82 dieser Abhandlung.

3. Villehardouin, c. 36.

4. Villeb. c. 48. Nach den meisten Quellen erscheinen hier zuerst Gesandte Philipps.

5. Hinzu kam vielleicht noch die Sehnsucht nach den Reliquienschätzen Constantinopels. Riant, Exuviae Sacrae Const. p. XII. Anm. 2.

dem Kreuzzug förderlich sei, für die Fahrt nach Constantinopel ein. Man sagte sich, dass bei der materiellen Notlage, in der das Heer sich befand, bei dem völligen Mangel an Lebensmitteln und Geld, ohne die nötigen Kriegsgeräte man weder in Aegypten noch im heiligen Lande etwas werde ausrichten können, dass man dort Hungers sterben, hier aber eher eine Last als eine Hülfe sein werde. Alle dem wurde abgeholfen, wenn man zuerst nach Constantinopel fuhr und sich da von Alexius gehörig ausstatten liess[1].

---

1. ep. baronum crucesignatorum (1203), Tafel u Thomas, l. c. p. 429: „Foedere igitur Inderae confirmato cum ... Alexio, cum victualibus omnibus et rebus egentes terrae sanctae videremur gravamen potius illaturi, ... quam iuvamen allaturi, nec terrae Saracenorum in tanta egestate nos crederemus applicare potentes ... ad urbem Regiam... applicuimus.."
ep. Hugonis comitis Sancti Pauli, l. c. p. 305, die welche, für die Fahrt nach Constantinopel sind „Qui toti exercitui ostendentes manifeste, quod via Jherosolimitana erat omnibus inutilis et damnosa, cum ipsi essent inopes et victualibus immuniti, nec esset aliquis inter eos, qui milites ad stipendia et sarjantos ad solidum detineret, vel qui petrarias faceret protrahi, nec alia instrumenta produci."
ep. Innoc. VIII. 133 an Bonifaz vom September 1205 (Tafel u. Thomas, l. c. p. 564). Innocenz giebt den Inhalt des Briefes an, in dem Bonifaz über die Wendung des Vierten Kreuzzugs gegen Constantinopel berichtete. Bonifaz habe angeführt, „quod cum vos victualium defectus urgeret, sine quibus non poteratis votum crucis adimplere, licuerit vobis propter causam adeo necessariam operas vestras illi locare, qui iustam causam prosequi videbatur; praesertim cum per hoc intenderetis finaliter ad terrae sanctae succursum et apostolicae Sedis augmentum."
Robert Clari (ed. Hopf, l. c.) c. 16. Die Kreuzfahrer überlegen sich in Zara „qu'il ne povient mie aler en Babyloine ne en Alixandre ne en Surie, car il avoient ja pres do tout despendu, que ens u sejorner, qu'il avoient fait, que ens u grant loier qu'il avoient donne au navie. Et disent, qu'il ne poient aler et s'il y aloient n'i feroient il nient, qu'il n'avoient ne viande ne avoir, dont il se peussent sousteneir." c. 33. „Miex nous vient anchois que nous y aillons, que nous conquestons viande et avoir par raisnavle acoison, que nous y aillons pour morir de faim." Das ist am besten zu erlangen, wenn

So wurde der Vertrag mit Philipps Boten im Palaste, den der Doge bewohnte, abgeschlossen[1].

Viele Kreuzritter und Pilger drängten zwar voll mystisch-asketischen Eifers zur Fahrt nach Syrien und Tausende von ihnen eilten wirklich dorthin[2]. Aber die grosse Masse, die noch in Corfu, als bereits der junge Alexius beim Heere angekommen war, dieses verlassen wollte, gelang es durch das Versprechen zu halten, dass sie in Constantinopel vom Michaelisfeste an Schiffe zur Weiterfahrt nach Syrien erhalten sollte, falls sie es wünschte[3]. Von Corfu aus richtete man dann — es war im Frühling des Jahres 1203 — den Kurs auf die Hauptstadt des byzantinischen Reiches.

Eine neue Konstellation war eingetreten. Von der schlimmsten Gefahr, die Byzanz vom Abendlande gedroht hatte, der Gefahr, die von dem politischen Ehrgeiz der Nor-

---

man sich des jungen Alexius annimmt. „Adont si porrons forfaire et il nous offre a venir avec nous et a tenir no navie et nostre estoire encore un an a sen couąt."

Grade die letztere Verpflichtung, die also finanzieller Natur war (vgl. p. 39,4), war von grösster Wichtigkeit, da die Kreuzfahrer bei ihren leeren Kassen gar keine Möglichkeit sahen, die Venetianer ein weiteres Jahr zu halten. Ja nach Joh. Lucius: „de regno Dalmatie et Croatie", einem Schriftsteller des XVII. Jahrhunderts (ed. Schwandtner: SS. rerum Ungaricarum, Bd. III, p. 249) sollen diese schon in Zara Schwierigkeiten wegen der Weiterfahrt gemacht haben, weil ihnen noch nicht die ganze Überfahrtssumme (für ein Jahr) bezahlt worden sei. Auch hier ergab sich also als bester Ausweg die Unterstützung des Alexius, der sich ja zur Zahlung grosser Summen an die Kreuzfahrer verpflichtete. In der That haben sie von der ersten Zahlung, die er nach seiner Einsetzung leistete, die Venetianer befriedigt. Clari, c. LVI.

1. vgl. die meisten in p. 39,4 angeführten Quellen l. c.
2. Villehardouin, c. 52—56, Devastatio Constantinopolitana, l. c. p. 88, cp. Hugonis, Tafel u. Thomas, p. 304 u. 305. vgl. weiter unten p. 90 u. 91.
3. Villehardouin, c. 59. cf. ep. Hugonis, p. 305.

mannenkönige und eines Heinrich VI. zu erwarten war, war nur ein matter Schimmer übrig geblieben. An die Stelle des Vernichtungskampfes, den jene mächtigen Herrscher dem Rhomäerreiche drohten, sie, deren Ehrgeiz erst endgültig befriedigt war, wenn sie an der Spitze ihrer Reisigen in die Kaiserstadt am Bosporus einzogen und sich selbst die Krone Constantins aufs Haupt setzten, war die Unterstützung eines byzantinischen Prätendenten durch Philipp von Schwaben getreten. In der That entsprach das Mass von östlicher Politik, das sich für Philipp aus seiner Verwandtschaft mit der Familie des Isaac Angelos ergab, genau seiner Lage; er konnte nicht daran denken, wie sein Bruder, selbst nach der Krone von Constantinopel zu greifen, wo er noch um die deutsche Königskrone zu kämpfen hatte, und musste sich mit dem moralischen Eintreten für einen griechischen Prätendenten begnügen. Er scheint indes gehofft zu haben, dass im Falle sein Schwager ohne Erben stürbe, er selbst als Gemahl von dessen Schwester Irene an seine Stelle treten würde[1].

Zu dem so abgewandelten politischen Antrieb gesellte sich der wirtschaftliche. Er war von vornherein ganz anderer Natur gewesen als der politische Ehrgeiz der Normannenherrscher und Heinrichs VI. Dieser konnte auf die Dauer durch keine Konzession eines griechischen Kaisers befriedigt werden, sondern sah in der Zertrümmerung des byzantinischen Reichs sein Ziel. Dagegen trieb der Handelsgeist die Venetianer nur dann in die Offensive gegen Byzanz, wenn die

---

1. Das darf man doch wohl aus der Stelle in den „Promissa Philippi" schliessen, die er im Sommer des Jahres 1203 Innocenz III. zugeben liess: (Raynald „Annales Ecclesiastici" a. 1203 § 20): „Si omnipotens Deus mihi vel leviro meo regnum Graecorum subdiderit..";
für diesen Schluss spricht auch, dass er in späterer Zeit, nach Alexius' (IV.) Tode, wirklich, wie es scheint, für die Rechte seiner Gattin, wenigstens in der Theorie, eingetreten ist. (chron. Anonymi Laudunensis Bouquet: Rec. des hist. de la France, Bd. XVIII, p. 714.) vgl. Winkelmann: Philipp von Schwaben, p. 528, p. 30, Anm. 1.

Kaiser ihre Privilegien schmälerten, ihre wirtschaftliche Machtstellung im griechischen Reiche bedrohten; sie gaben den Kampf auf, wenn ihre alten Rechte gewährleistet wurden und gefährdeten also niemals unbedingt die Existenz des Rhomäerreichs. Wie sie früher durch Brandschatzung der griechischen Inseln, durch ein Bündnis mit den Normannen einen Druck auf die Kaiser ausgeübt hatten, so hatten sie noch kurz vorher durch die Drohung, einen Prätendenten zu unterstützen, ihr Privileg ertrotzt. Jetzt machten sie einfach ihre Drohung wahr. Das war schliesslich auch der sicherste Weg, zum Ziele zu gelangen: sie beseitigten einfach den Kaiser, der ihnen lästig war und setzten einen neuen an seine Stelle, der ihnen als Preis für ihre Beihülfe das Handelsmonopol in seinem Reich versprechen musste.

Es bleiben die Kreuzfahrer. Wie kam es, dass sie, die doch im vorigen Jahrhundert wiederholt die Vernichtung des griechischen Reichs geplant hatten, sich jetzt für die deutschvenetianische Prätendentenpolitik gewinnen liessen, die nichts als einen Thronwechsel in Byzanz erwirken wollte?

Auch aus der Kreuzzugsidee ergab sich eben nur eine bedingte Feindschaft gegen das griechische Reich: nur sofern die Griechen den Kreuzfahrern Hemmnisse bereiteten, galt es sie zu bekämpfen. Am deutlichsten zeigt sich das bei Friedrich Barbarossas Kreuzzug. Er war unternommen worden lediglich mit der Absicht, dem heiligen Lande Hülfe zu bringen. Da verwehren die Griechen den Durchzug, und alsbald fasst Friedrich den Entschluss, sich denselben durch Eroberung Constantinopels zu erzwingen. Als jedoch die Griechen ihre Feindseligkeit aufgeben, lässt er den Plan fallen und eilt dem heiligen Grabe zu.

Aber die Frage konnte auch prinzipiell gefasst werden: „es ist bekannt, dass die Griechen den Kreuzzügen Hemmnisse in den Weg legen und die Kreuzfahrerstaaten bedrohen, wie also kann das lästige Hindernis dauernd beseitigt werden, und kann man zugleich bewirken, dass dasjenige Reich, welches dem heiligen Lande am nächsten liegt, statt der Sache des Kreuzes feindlich zu sein, sie vielmehr fördert?"

Im XII. Jahrhundert ist infolge des Einflusses der normannischen Eroberungspolitik auf die Kreuzzugsidee die Frage dahin beantwortet worden, dass eine Invasion der Abendländer in das byzantinische Reich nötig sei, sodass ein abendländischer Herrscher auf dem Thron von Constantinopel den Kreuzfahrern freie Bahn zum heiligen Grabe sicherte und selbst es schützen hälfe: eine andere Lösung ergab sich jetzt durch eine Verschmelzung der Kreuzzugsidee mit der deutsch-venetianischen Prätendentenpolitik. Nicht mehr Vernichtung des griechischen Reiches bildete die Parole, sondern die Einsetzung eines kreuzzugsfreundlichen, griechischen Fürsten. Nicht mit Gewalt, sondern auf friedlichem Wege sollte jenes grosse Ziel erreicht werden, dadurch, dass man dem jungen Kaiserspross zu seinem Rechte verhalf, der die Politik seiner Vorgänger zu verlassen und fortan die finanziellen und militärischen Mittel seines Reiches für die Sache Christi nutzbar zu machen verhiess.

Nun hatten ja aber neben der Sorge um das Gedeihen der Kreuzfahrt andere Interessen, teils ebenfalls idealer, teils materieller Natur, die Kreuzfahrer des XII. Jahrhunderts zu Feinden des griechischen Reiches gemacht. In welcher Weise fanden sie bei dem neuen Projekt Befriedigung?

Einmal dadurch, dass Alexius sich zu grossen Geldversprechungen an die Kreuzfahrer herbeiliess, und andererseits durch dessen Verpflichtung, dem leidigen Schisma ein Ende zu machen und die Griechen zur Angliederung an die abendländische Kirche, zur Unterordnung unter den Papst zu bewegen. Damit wurde sowohl den weltlichen wie den katholischen Antrieben ihr subversiver Charakter genommen, der Begehrlichkeit manches Kreuzfahrers wie dem Eifer des rechtgläubigen Christen geschah jetzt bei der Einsetzung des Alexius dasselbe Genüge, wie er es einst von der Vernichtung des griechischen Reiches erwartet hatte. Hinzu trat noch das lebendige Legitimitätsgefühl der Abendländer, das es verdienstvoll erscheinen liess, einen Usurpator, der nur durch die Blendung seines Bruders zum Throne gelangt war, zu stürzen und den rechtmässigen Erben einzusetzen [1]. So ist es zur Wendung des Vierten Kreuzzugs gegen Constantinopel gekommen. Die verwandtschaftlich-dynastische Politik Philipps von Schwaben, ein Ausläufer der grossen Eroberungspläne Heinrichs VI., die venetianische Handelspolitik und die Interessen der Kreuzfahrer haben sich mit einander verschmolzen. Wie Philipp und die Venetianer, erwarteten auch die Kreuzfahrer von Alexius die Befriedigung ihrer persönlichen und ausserdem ihrer kirchlichen Interessen, aber wie Philipp ohne Gewissensbedenken sich bemüht hatte, die Kreuzfahrer für die Rückführung seines Schwagers zu gewinnen, der Doge und der Venetianer keineswegs heuchelten, wenn sie vor der Abfahrt von Venedig das Kreuz nahmen, da ja das Endziel des Kreuzzugs unverändert blieb, so war

---

1. ep. crucesign: Tafel u. Thomas, p. 420. „. . . verisimilibus quidem rumoribus et argumentis inducti, quod dicti Alexii suspiraret adventum regiae pars potior civitatis et pondus Imperii, quem electione concordi cum sollempnitate debita Imperiali diademate sublimasset...". Robert v. Auxerre MG SS XXVI. p. 265. Günther (ed. Riant, Exuviae s. C. p. 85): „quia pium eis videbatur, si fieri posset, legitimum haeredem, crudeliter deiectum, in sedem suam reducere"; Clari (ed. Hopf, c. XXIX): die Priester antworten den Kreuzfahrern auf ihre Frage, ob es Sünde sei, nach Constantinopel zu fahren „puisqu'il avoient le droit oir, qui deserites estoit, bien li poioient aidier a sen droit conquerre et de ses enemis vengier." —

Die Thronrevolutionen, die in Byzanz etwas ganz Gewöhnliches waren, verletzten das Rechtsgefühl der Abendländer. So hatte auch die Kreuzfahrer des Jahres 1101 die Thatsache gegen Alexius I. erbittert, dass er auf unrechtmässige Weise zum Throne gelangt war. Eccehard, Hierosolymitana (ed. Hagenmeyer p. 236): „Hic est, inquiunt, perfidus ille Alexius, qui domino suo Michaeli (in Wirklichkeit war es Nicephorus Botoniates) per quorundam Alamannorum auxilium depulso imperium eius usurpavit ipsosque sui sceleris cooperatores exilio damnatos necari fecit."

vor allem für die übrigen Kreuzfahrer die Erwägung ausschlaggebend, dass die Fahrt nach Constantinopel nur einen Umweg bedeutete, der zwar etwas langsamer, aber dafür um so sicherer zu dem Ziele, das sie sich gesteckt: der Bekämpfung der Ungläubigen und der Befreiung des heiligen Landes, führen sollte[1]. Indem so die drei Mächte sich in dem Wunsche zusammenfanden, den jungen Alexius auf dem

---

[1]. Überraschend klar hat Günther von Paris die Momente erkannt, die für die Wendung des Vierten Kreuzzuges gegen Constantinopel entscheidend waren. Er sagt (l. c. p. 85), die Kreuzfahrer hätten sich zur Unterstützung des Alexius entschlossen:

„tum ob gratiam regis Philippi qui nostros pro ipso attentius supplicabat;

tum quia pium eis videbatur, si fieri posset, legitimum regni haeredem, crudeliter deiectum, in sedem suam reducere;

tum etiam propter eiusdem iuvenis preces atque promissa, qui, si restitutus foret, magnum peregrinis omnibus et tunc et postea praestare posset auxilium;

aderat autem et illud, quod eamdem civitatem S. Romane ecclesie noverant esse rebellem et odiosam, nec putabant eius oppressionem a nostris summo pontifici, vel etiam Deo plurimum displicere.

Sed et Veneti quorum navigio utebantur, ad hoc precipue impellebant, partem in spe promisse pecunie, cuius illa gens maxime cupida est, partim vero pro eo, quod eadem civitas multitudine navium freta in toto illo mari principale sibi dominium arrogabat.

Harum omnium rerum et forte aliarum concursu illud actum est, ut omnes in favorem iuvenis unanimiter consentirent et ei suum pollicerentur auxilium."

Wenn wir etwa aus dem Passus, der den Venetianern gewidmet ist, das „in spe promisse pecunie" herausnähmen, und als selbständigen Paragraphen hinter „displicere" einrückten:

„tum etiam in spe promisse pecunie",

so hätten wir sämtliche entscheidenden Momente beisammen. Bei der hieran sich anschliessenden Bemerkung, es sei Gottes Ratschluss gewesen, die Griechen wegen ihrer Überhebung zu strafen, hat Günther nicht mehr den ursprünglichen Plan der Kreuzfahrer, sondern das endliche Schicksal des griechischen Reichs im Auge. vgl. p. 55,1.

Throne von Constantinopel zu sehen, geschah das Merkwürdige, dass gerade diejenige Unternehmung des Abendlandes, die der stolzen Kaiserherrlichkeit von Ostrom ein Ende bereiten sollte, ins Leben trat als ein Versuch, die grossen Gegensätze, die den christlichen Orient und Occident trennten, auf friedlichem Wege auszugleichen.

b) **Die Einsetzung Alexius' IV., sein Bruch mit den Kreuzfahrern und die Eroberung Constantinopels durch die Lateiner.**

Das grosse Unternehmen gelang. Zwar hatten sich die Kreuzfahrer getäuscht, wenn sie, als sie nach Constantinopel fuhren, glaubten, die Griechen würden ihrem rechtmässigen Herrscher — denn als solcher galt der junge Alexius allgemein im Abendlande — sofort zujubeln und den Usurpator verjagen. Vergebens zeigten sie den Prätendenten von einem Schiffe aus den Einwohnern der Stadt: keine Hand rührte sich für ihn[1]. Aber bereits nach vierzehntägiger Belagerung verliess der Kaiser flüchtig Constantinopel, sein Bruder Isaac wurde von den Griechen auf den Thron erhoben[2], und nachdem er dieselben Verpflichtungen wie sein Sohn eingegangen war[3], hielten die Kreuzfahrer mit dem jungen Alexius im Triumph ihren Einzug in die Kaiserstadt.

---

1. Diese Thatsache erfahren wir aus zahlreichen Quellen:
Villehardouin, l. c. p. 71—73.
Clari, l. c., c. XLI (p. 35).
Dandolo, l. c. p. 322.
Sicard v. Cremona, l. c. p. 619; chr. Altinate, l. c. p. 93.
Georgius Acropolita (ed. Bonn.) p. 7; endlich aus der
ep. baronum crucis, l. c. p. 429 u. 430 und
ep. Hugonis, l. c. p. 300.
2. Nicetas, p. 727.
3. Villehardouin, c. 93—95: Isaac beschwört Punkt für Punkt die Verpflichtungen seines Sohnes. cf. c. 48.
Dandolo, l. c. p. 322: „Pacta de obedientia Romanae ecclesiae et succursu terrae sanctae renovantur et confirmantur."
Nicetas, p. 728.

Nichts liess in diesen ersten Tagen die späteren Verwicklungen ahnen. Die Kreuzritter wurden als Retter und Befreier begrüsst und genossen die höchsten Ehren, und was das wichtigste war, die beiden Kaiser begannen sich ihrer Verpflichtungen zu entledigen, indem sie mit vollen Händen spendeten[1].

Der Zweck der Fahrt nach Constantinopel war erfüllt. Der deutsche König sah seinen Schwager auf dem Throne Constantins und mochte sich mit der Hoffnung schmeicheln, wenn dieser ohne Erben stürbe, selbst ihn zu besteigen; den Venetianern war als Lohn für ihre Beihülfe die Herstellung ihrer Handelsherrschaft in Romanien, unter grösster Einschränkung oder gar Ausschluss der Concurrenz ihrer italienischen Rivalen, sicher. Zunächst erhielten sie Geld in Fülle, ebenso wie die übrigen Kreuzfahrer. Und wie deren persönliche, so schienen auch ihre kirchlichen Wünsche in Erfüllung gehen zu sollen, da der junge Kaiser ein feierliches Schreiben an den Papst richtete, in dem er die Kirchenunion herbeizuführen versprach[2].

Mit der Befriedigung aller dieser Interessen stand aber auch die Krönung des ganzen Werkes, die Fortsetzung der Kreuzfahrt, in Aussicht. Die breite Basis für die Unternehmung gegen den Islam, die man im vergangenen Jahrhundert durch Vernichtung des griechischen Reiches zu schaffen gesucht hatte, sie war jetzt durch ein Bündnis zwischen den Griechen und Kreuzfahrern hergestellt.

---

1. Villehardouin, c. 96 u. 97, Nicetas, p. 728 u. 729, Günther, p. 69. Dandolo, p. 322, chron. Altinate, p. 93.

Die Kreuzfahrer benutzten einen Teil des Geldes, um sich ihrer Verpflichtungen gegenüber den Venetianern zu entledigen: sie hatten bekanntlich in Venedig nicht die ganze Überfahrtssumme zahlen können und Aufschub erhalten, als sie in die Expedition gegen Zara einwilligten. Clari, c. 56, Rigord, Bouquet, XVIII, p. 56. vgl. p. 41.

2. Tafel und Thomas, p. 426—428.

Zwar mussten sich letztere zu einem Aufschub des Kampfes gegen die Ungläubigen verstehen, da Alexius IV. sich nicht imstande fühlte, bis zu dem für die Abfahrt festgesetzten Termin seine Verpflichtungen zu erfüllen, aber im folgenden Frühjahr sollte mit vereinten Kräften der Feldzug begonnen werden[1]. Schon sandte man hochtönende Manifeste an den Sultan von Aegypten und verhiess den Brüdern im heiligen Lande die nahe Befreiung[2].

Noch war man jedoch nicht so weit. Ehe man auf Alexius' Hülfe rechnen konnte, galt es ihn zum Herrn im Lande zu machen, und so durchzog denn ein Teil des Kreuz-

---

1. Villehardouin, c. 98. Alexius verspricht „se vos demoressiez trosque al Marz, je vos alongeroie vostre estoire de la feste St. Michel (des Jahres 1203) en un an et paieroie le costement as Venisiens, et vos donroie ce que mestiers vos seroit trosque à la Pasque (1204), et dedenz cel termine aroie ma terre si mise à point que je ne la poroie reperdre et vostre convenence si seroit attendue, que (= parceque) je araie l'avoir paié, qui me vendroit de par totes mes terres et je seroie si atornez de navie de aler avec vos ou d'envoier si con je le vos ai covent et lors ariez l'esté (1204) de lonc en lonc por ostoier."

(c. 99): In dem Parlament, das darauf berufen wird, siegt die Meinung derer, die erklären: „se nos atendons trosque al Marz, nos lairons cest empereor en bon estat et nos en irons riche d'avoir et de viande et puis nos en irons en Surie et corrons en la terre de Babiloine .... et ensi porra estre la terre d'oltremer recovrée", und es wird beschlossen „que li Venisien jurerent un an de la feste St. Michel à retenir l'estoire et l'emperere Alexis lor dona tant que fait fu, et li pelerin lor jurerent la compaignie à tenir si con il avoit foit altre foiz à cel termine meismes."

ep. Cruces.: diese Stelle ist nicht abgedruckt bei Tafel u. Thomas (l. c. p. 431), sondern nur in der Ausgabe des Briefes bei Bouquet (Recueil. XVIII, p. 516):

„Et ibidem hiemem Deo dante facturi ad partes Aegypti proximo passagio transmeare tam certo proposito quam irrevocabili iuramento ... sumus astricti."

ep. Hugonis comitis Sancti Pauli, Tafel u. Thomas, p. 311: „noveritis etiam, quod accepimus tornamentum contra Soldanum Babyloniae ante Alexandriam."

2. ep. Cruces. (Bouquet, XVIII, p. 516).

heeres mit ihm Thracien, wo ihm aller Orten gehuldigt wurde[1].

Wichtiger wäre eine Festigung seiner Herrschaft in der Hauptstadt gewesen. Denn dort kannte der Hass gegen die neue Regierung keine Grenzen. Wie waren die Krenzfahrer doch im Irrtum gewesen, wenn sie die Weigerung der Hauptstädter, den Prätendenten aufzunehmen, der Uberredungskunst des Usurpators oder der Furcht vor ihm zugeschrieben hatten[2]: das griechische Volk selbst hatte gesprochen, als es den Schützling der Lateiner verschmähte. Jetzt war ihm dessen Regiment mit Gewalt aufgezwungen worden, und aufs tiefste entrüstete es die völlige Abhängigkeit seines Herrschers von den Lateinern, in deren Kreis er seiner Würde oft ganz vergass; besonders böses Blut machte es auch, als er und sein Vater die Kirchen plünderten, um die Franken bezahlen zu können, und als die Vorbereitungen zur Kirchenunion begannen[3].

Es zeigte sich nun, dass es ein unglückliches Experiment gewesen war, durch abendländische Waffen den Griechen einen Herrscher aufzwingen zu wollen. Trügerisch war der Glaube gewesen, das Machtwort eines Kaisers, der unter dem Drucke der Umstände versprochen hatte, was man von ihm verlangte, werde genügen, in Constantinopel eine kirchlich-politische Umwälzung grössten Stils im Sinne des Abend-

---

1. Villehardouin, c. 101 u. 102, Clari, c. 57, Devastatio Constantinopolitana (ed. Hopf, chron. Gréco-romanes, p. 90).

2. cp. cruces, Tafel und Thomas, l. c, p. 429 u. 430.

„Imperii siquidem crudelissimus incubator . . . potentes simul et plebem sermonibus adeo infecerat venenatis, ut ad subversionem libertatis antiquae Latinos assereret adventare, qui Romano pontifici locum et gentem restituere properarent et Latinorum legibus Imperium subiugare."

Villhardouin, c. 73: „por la tremor et por la dotance de l'empereor Alexis."

3. Nicetas, p. 736 u. 737, 729; Ibn-el-Athiri, chronicon, ed. Tafel und Thomas in Fontes rer. Austr., Bd. XIV, p. 459, vgl. Hopf, l. c. p. 194.

landes herbeizuführen[1]. Die Unmöglichkeit für die neue Regierung, auch nur ihren finanziellen Verpflichtungen nachzukommen, führte sie schliesslich zum Bruch mit ihren Beschützern[2].

Aufs neue sahen sich die Kreuzfahrer, die, um Konflikte mit den Griechen zu vermeiden, sich ausserhalb der Stadt gelagert hatten[3], vor die Riesenaufgabe gestellt, die grösste Stadt und stärkste Festung der damaligen Welt zu erobern. Zunächst scheinen die Belagerer noch nicht klar das Ziel ins Auge gefasst zu haben, dem griechischen Reiche ein Ende zu machen[4]. Es scheint, dass sie daran gedacht haben, den jungen Alexius, der, wie sie annahmen, nur infolge seiner Notlage und durch den Einfluss seiner Umgebung, besonders seines Vaters Isaac, wortbrüchig geworden war[5], auf dem Throne zu belassen, indem eine verlängerte Okkupation der Stadt und scharfe Massregeln gegen die widerspenstigen Unterthanen des Kaisers diesem doch noch die Erfüllung seiner Versprechungen ermöglichen würden.

1. Nicetas, p. 728: „ὑπὲρ γὰρ τοῦ μὴ τῆς πατρῴας ἀρχῆς ἀποτευξασθαι πάντα πράττων Ἀλέξιος χάλιφρον καὶ πραγμάτων ἀδαὴς μειιάριον, οὔτε ἠκριβολόγησί τινα τῶν ζητημάτων οὔτε μὴν τὸ μισορώμαιον φρόνημα τῶν Λατίνων ὁπωσοῦν ἐξάλιτο κατὰ νοῦν." (Eher könnte man umgekehrt sagen: er rechnete nicht mit der lateinerfeindlichen Gesinnung der Rhomäer).

2. ep. Balduini (1204) Tafel u. Thomas, p. 503, Villhardouin, c. 107—110, Clari, ed. Hopf (l. c.) c. 58 u. 59, chron. Altinate MG. SS. XIV, p. 93.

3. ep. Balduini, l. c. p. 503; Günther v. Paris, l. c. (p. 39,4) p. 89; Clari, c. LV; Villhardouin, c. 97.

4. Die Quellen lassen diesen Entschluss erst nach der Thronbesteigung Alexius' V. und der Erdrosselung Alexius' IV. hervortreten (Villehardouin, c. 113, chron. Altinate MG. SS. XIV, p. 92). Da erst wird auch der Teilungsvertrag abgeschlossen (Tafel u. Thomas, l. c. p. 445—452).

5. ep. Balduini imperatoris (1204), Tafel u. Thomas, p. 503: „seu innata malitia seu Graecorum seductus perfidia"; chron. Altinate l. c. „de consilio iniqui sicut creditur patris ceci". Anonymus Suessionensis in Exuv. sacrae Constantinopolitanae von Riant, p. 5: „patris sui utroque lumine orbati et consilio Graecorum deceptus".

Da aber fegte eine Revolution die Angeli vom Throne hinweg. Mit Murzuphlos trat ein nationaler Herrscher an ihre Stelle. Seine Erhebung war ein Protest gegen das erst lateinerfreundliche, dann kraftlose Regiment seiner Vorgänger: Feindschaft den Abendländern und Kampf bis aufs Messer, das waren die Losungsworte des neuen Herrschers, der sich ebenfalls Alexius nannte[1]. Umsonst suchten die Kreuzfahrer ihn zur Abdankung zu Gunsten des eingekerkerten Alexius — der alte Isaac war während der Revolution gestorben — zu bewegen[2]. Durch dessen Erdrosselung im Gefängnis schnitt er jede Möglichkeit einer Verständigung ab. Selbst aber die Verpflichtung, die dieser auf sich genommen hatte, zu erfüllen, war er so weit entfernt, dass er erklärte: „lieber wolle er sein Leben verlieren und solle Griechenland zu Grunde gehen, als dass er dem heiligen Lande Hülfe brächte und die griechische Kirche lateinischen Priestern sich unterordne"[3].

Unter diesen Umständen gaben die Kreuzfahrer den Gedanken auf, der sie nach Constantinopel geführt hatte. Ein friedliches Zusammengehen mit den Griechen hatte sich als unmöglich erwiesen; wollte man also erreichen, was man sich vorgesetzt: die Kirchenunion und Unterstützung des heiligen Landes durch die Griechen, wollte man nicht verzichten auf die Befriedigung der sonstigen Interessen, die man von Alexius IV. erwartet hatte, so musste man selbst die Zügel

---

1. vgl. Hopf, p. 196.
2. ep. Balduini, l. c. p. 505; vgl. Chron. v. Nowgorod ed. Hopf, l. c. p. 96.
3. ep. Balduini, l. c. p. 505: „obedientiam autem Romanae Ecclesiae et subventionem Terrae sanctae, quam iuramento et scripto Imperiali firmarat Alexius, adeo refutavit, ut vitam amittere praeeligeret Graeciamque subverti, quam quod Latinis pontificibus orientalis Ecclesia subderetur." Dass er hierzu aufgefordert worden, berichtet auch Nicetas, p. 751: es seien gefordert worden „συμφωνίαι τινὲς ἐν αὐτοῖς ἀπεναίουσαι καὶ δυσπαράδεκτοι τοῖς γευσμένοις ἐλευθερίας καὶ εἰωθόσιν ἐπιτάσσειν, οὐκ ἐπιτάσσεσθαι καὶ Λακωνικαὶ βαρεῖαι κρινόμεναι μάστιγις."

der Regierung in Constantinopel in die Hand nehmen[1]. Zugleich galt es, den Usurpator wegen des schweren Verbrechens, dessen er sich schuldig gemacht, der Ermordung seines rechtmässigen Herrn, zu strafen[2]. So fasste man gemeinsam den Beschluss, dem griechischen Reich ein Ende zu bereiten und ein lateinisches Kaiserreich an seiner Stelle zu errichten[3]. Nach zweimonatlicher hartnäckiger Belagerung fiel Constantinopel den Abendländern in die Hände. Es ist bekannt, welch' ein schreckliches Schicksal die herrliche Kaiserstadt traf[4]. Jetzt, wo die Unmöglichkeit einer

---

1. Villehardouin, c 113 (zur Erwirkung der Kirchenunion), ep. Balduini, p. 506 („pro honore sanctae Romanae Ecclesiae et subventione Terrae sanctae"), Clari, c. LXII (zur Durchsetzung alles dessen, was Alexius versprochen hatte).

Gut fasst Günther (ed. Riant, p. 85) die entscheidenden Momente zusammen. Wie nach Günther Gott, so planten auch dessen Werkzeuge, die Kreuzfahrer, als sie Constantinopel zu erobern beschlossen. Er sagt: Es war Gottes Ratschluss, „quod gentem illam elatam ex rerum opulentia ab illo fastu suo deprimi et ad pacem et concordiam sancte universalis ecclesie revocare hoc ordine disponebat. Congruum quippe videbatur, ut gens illa, que aliter corrigi non valebat, paucorum cede et rerum temporalium, quibus intumuerat, amissione puniretur, ut et populus peregrinus superborum spoliis ditesceret et terra tota in nostram transiret potestatem et occidentalis ecclesia sacrosanctis reliquiis, quibus illi se indignos reddiderant, illuminata perpetuo letaretur. (p 86) Accidit autem et illud quod utique magnum est, quod sepe dicta civitas, que semper infida peregrinis exstiterat, deinceps volente Deo mutatis civibus, fida et unanimis permanebit, et nobis ad expugnandos barbaros et ad Terram Sanctam obtinendam ac possidendam quanto vicinius tanto prestantius ministraret auxilium"

2. Siehe sämtliche in voriger Anmerkung citierten Quellen und chron. Altinate, MG. SS. XIV, p. 93.

3. s. den Teilungsvertrag vom März 1204 bei Tafel und Thomas, p. 444—452.

4. s. vor allem Nicetas, l. c. p. 758 ff.; tief ergreifend sind seine Klagen über den Untergang des griechischen Reichs und das Schicksal der Hauptstadt; ferner Ibn-el-Athiri, l. c. und die Chronik von Nowgorod bei Hopf, chroniques Gréco-romanes, p. 97, auch Ernoul, p. 375, Günther, p. 102. Auch aus Briefen Innocenz' III. erfahren wir, wie

Verständigung zwischen Abendländern und Griechen offenbar geworden war, kannten die Eroberer, noch dazu erbittert durch die Mühen einer langen Belagerung, kein Erbarmen mehr. In diesen Schreckenstagen nahmen die Venetianer, in Gemeinschaft mit den in Constantinopel ansässigen Kolonisten aus dem Abendlande, die bereits vorher in das Lager der Kreuzfahrer übergesiedelt waren[1], Rache für die Unthaten, die zu wiederholten Malen gegen ihre Mitbürger dort verübt waren, die französischen und deutschen Pilger aber zahlten den Griechen heim für das treulose und verräterische Verhalten, das sie ein Jahrhundert hindurch gegenüber den Kreuzheeren des Occidents befolgt hatten.

c) **Inwieweit wurden die deutschen, venetianischen und Kreuzzugsinteressen im lateinischen Kaiserreiche durchgesetzt?**

Eine lange Entwicklungsreihe war beendet: das Ostreich war dem Ansturm des Abendlandes erlegen, „Graecorum terra ex regnorum numero excidit et Franci ea potiti sunt"[2].

Fragen wir uns nun: inwieweit sind die politischen, wirtschaftlichen und religiösen Interessen, die verschiedene Mächte des Abendlandes an die Einsetzung Alexius' IV. geknüpft hatten, auch beim Sturz des byzantinischen Reichs und der Errichtung einer lateinischen Kaiserherrschaft an seiner Statt durchgesetzt worden?

Philipp von Schwaben ist so gut wie leer dabei ausgegangen. Seit sein Schwiegervater gestorben war, sein Schwager im Kerker sein Leben geendet hatte, waren die Interessen, die die Kreuzfahrer vertraten, nicht mehr die seinigen. Höchstens mochte es ihn mit Genugthuung erfüllen,

---

die Kreuzfahrer in Constantinopel gehaust haben, so aus dem Briefe an Bonifaz v. Montferrat, Tafel u. Thomas, l. c. p. 563. vgl. Hopf, l. c. p. 189; Hertzberg, p. 366.

1. Villehardouin, c. 104; Georgius Acropolita ed. Bonn, p. 8 u. 9. Günther, p. 102.

2. Chron. v. Nowgorod, ed. Hopf in chroniques gréco-romanes, p. 98.

dass der Mörder seines Schwagers, Alexius V., von ihnen verjagt, und als er bald darauf in ihre Hände fiel, auf furchtbare Weise hingerichtet wurde[1]. Und dass man ihn nicht ganz vergass, beweist der Umstand, dass Bonifaz Alexius III. und dessen Gattin, die in seine Hände gefallen waren, nach Deutschland sandte[2].

Doch was half Philipp schliesslich der Sturz dieser Kaiser und ihres Reichs, wo an dessen Stelle ein Staatengebilde getreten war, das völlig unabhängig von deutschem Einfluss blieb, wo der Anspruch auf den Thron von Constantinopel, den er nach dem Tode des jungen Alexius für seine Gattin und deren Nachkommen erheben konnte, bei der Neugründung am Bosporus völlig übergangen wurde? Aus diesem Grunde scheint er auch zeitlebens die lateinischen Kaiser als Usurpatoren betrachtet zu haben: so nannte er Kaiser Heinrich einen „advena, solo nomine imperator" und verwehrte ihm seine Tochter, um die jener anhielt, denn sie stamme väterlicher- und mütterlicherseits aus kaiserlichem Geblüt, und ihr gebühre sowohl das westliche wie das östliche Imperium. Nur unter Einer Bedingung erklärte er sie Heinrich zur Gattin geben zu wollen, wenn dieser ihn als den wahren römischen Kaiser anerkennen und sein Lehnsmann werden wolle[1]. Aber der Kaiser von Constantinopel

---

1. Er wurde von der Säule des Theodosius in Constantinopel herabgestürzt. Hertzberg, p. 377.
2. Nicetas, p. 819: „καὶ τὸν δυσπραγῆ ἐν βασιλεῦσιν Ἀλεξίον ... καὶ Εὐφροσύνην διαπεντίους τῷ τῶν Ἀλαμανῶν ἐξεπέμψεν ἄρχοντι." Sie kamen nur bis Montferrat. cf. Riant, Revue des Quest. Hist. XVIII. 68.

Ebensowenig wie diese Übersendung vermochte Philipp das Obereigentum über die Reliquien, die deutsche Kreuzfahrer aus Constantinopel mitbrachten (Riant, l. c.), wegen der Übergehung seiner Ansprüche auf den Thron zu trösten.

1. Chron. Anonymi Laudunensis. Bouquet, Bd. XVIII, p. 714.

„Fuit quoque uxor Othonis ex filia Isaaci, imperatoris Graecorum, unde Philippus, dux Suevorum, dum viveret, ab Heinrico, imperatore

dachte nicht daran, und so hat Philipp selbst diesen Anspruch auf Oberhoheit nicht durchzusetzen vermocht. Erinnern wir uns hier, dass Philipps östliche Politik nichts anderes war, als die Fortführung der grossen Eroberungspläne seines Bruders Heinrich, soweit dies eben in seinen Kräften stand. Aufs kläglichste wurde jetzt dessen stolzes Kaiserideal zu Grabe getragen.

Wenn Philipps Rechte bei der Gründung des lateinischen Kaiserreichs nicht gewahrt worden sind, so lag es einfach daran, dass er nicht selbst bei der Beratung über die Kaiserwahl sein Schwert in die Wagschale werfen konnte, oder dass er nicht wenigstens durch eine Macht im Kreuzheer vertreten war, die sich unbedingt für ihn verwandt hätte. Solange die Interessen der Führer des Kreuzheeres und der Venetianer sich mit denen Philipps deckten, alle bei der Einsetzung des jungen Alexius ihre Rechnung zu finden hofften, lag Philipps Sache in guten Händen. Als aber Alexius nicht mehr war, und es sich darum handelte, selbst Besitz zu ergreifen: was war da den Kreuzrittern und Venetianern der deutsche König in der Ferne! Sie waren es, die Constantinopel erobert hatten, sie wollten dort auch die Herren bleiben.

Verweilen wir zunächst bei den Venetianern.

Sie haben bei der Teilung des griechischen Reiches einen vollgültigen Ersatz für das gefunden, was sie, als sie nach Constantinopel fuhren, von dem jungen Alexius zu erlangen gehofft hatten. Ja, mehr als das. Zwar die Stellung als

---

Constantinopolitano, requisitus, ut filiam suam ei mitteret uxorem, respondit: »Putavitne advena illo, solo nomine imperator, filiam habere uxorem, ex utraque parte ex imperatoria stirpe editam, cui etiam orientale et occidentale imperium debetur iure parentum?« Post paululum subridens ait: »Verum, si me imperatorem Romanum, dominum suum, velit recognoscere, mittam haeredem imperii illi in uxorem.« Nuntiis ei respondentibus se domini sui voluntatem nescire res est indutiata." (citiert von Riant, Revue des Quest. Hist. XXIII, p. 108.)

führende Handelsmacht in Romanien, wie sie ihnen nach der Invasion der Lateiner dort zuteil ward, wäre ihnen auch unter einem mit ihrer Beihülfe eingesetzten griechischen Kaiser beschieden gewesen. Aber der Unterschied war, dass diese Stellung jetzt ganz anders gesichert war, als je zuvor in griechischer Zeit.

Denn wenn Venedig auch auf die Begründung eines grossen venetianischen Kolonialreichs, bestehend aus Teilen des griechischen Festlandes und einer Anzahl griechischer Inseln, verzichtete, so schuf es doch auf zweierlei Weise eine feste Basis für seine Handelsbeziehungen innerhalb der neuen Staatenwelt des Ostens[1]. Einmal entsagte es nicht völlig eigenem Besitz in dem Teile des byzantinischen Reiches, der ihm nach dem vor der Eroberung Constantinopels zwischen Venetianern und Kreuzfahrern abgeschlossenen Vertrage zufallen sollte. Das Grundprinzip war zwar, denjenigen Dynasten, die sich in diesen Ländern bereits zu Herren gemacht hatten, ihr Gebiet zu belassen und sich mit ihrer Lehnshuldigung und einem glänzenden Handelsvertrage zu begnügen, aber dabei nahmen die Venetianer meist gewisse Küstenstriche von ausgezeichneter Lage in unmittelbaren Besitz, von denen aus sie dann mit jenen Herren in Verbindung traten. Solche Stützpunkte waren Durazzo in Epirus, Modon und Corone im Peloponnes; auch Negroponte auf Euböa, wo die Venetianer ein grosses Quartier besassen, kann man hierher rechnen. Von höchster Wichtigkeit endlich war der Besitz von Gallipoli, durch den Venedig die Vormacht an den Dardanellen wurde. Das andere Mittel, ihre Handelsherrschaft in Romanien fest zu begründen, war die Besetzung eines grossen Teils der griechischen Inseln durch venetianische Bürger. Entweder wurden dieselben durch die Gesamtmacht der Mutterstadt erobert und dann in Teilen an Bürger zu Lehen gegeben,

---

1. Die folgende Zusammenfassung beruht auf der Schilderung, die Heyd, l. c. (p. 26,2) p. 270—307, von der Stellung der Venetianer im lateinischen Kaiserreich entwirft.

wie Corfu und Creta, oder venetianische Edle zogen auf eigene Hand aus und eroberten sich Fürstentümer auf griechischem Boden. So fand im Jahre 1207 die Expedition Sanutos statt, die mit der Begründung des Herzogtums Naxos und einer Reihe anderer Inselherrschaften endete. Diese Inselfürsten dependierten meist vom Kaiser von Constantinopel, und die Mutterstadt liess es ruhig geschehen, ihr kam es hauptsächlich darauf an, dass der venetianische Einfluss dort gesichert blieb. Die wichtigste aller Inseln war Creta, von wo aus Venedig das Ostbecken des Mittelmeers beherrschte.

Die Zentralleitung aller venetianischen Besitzungen im Lateinerreich befand sich bei dem Podestà in Constantinopel, der nicht unter, sondern neben dem Kaiser stand; er entschied über die Zulassung anderer Handelsmächte im Reich. Und wie Venedig so im Inneren eine beherrschende Stellung einnahm, so begann es auch nach auswärts um sich zu greifen: es knüpfte Handelsbeziehungen mit den Städten im Norden des Schwarzen Meeres und mit den türkischen und griechischen Machthabern Kleinasiens an.

Die Dogen nahmen damals den Titel an „dominator quartae partis et dimidiae totius imperii Romaniae". Er besagte zu viel und auch zu wenig. Zu viel, weil ja die drei Achtel, die Venedig zugefallen waren, nur zum kleinsten Teil von der Republik in Besitz genommen wurden, zu wenig, weil sie wirtschaftlich fast das ganze Romanien beherrschte.

Wie die Venetianer, hatten auch die Kreuzritter, nachdem sich die Idee, in der sie nach Constantinopel gefahren waren, als unfruchtbar erwiesen hatte, den Entschluss gefasst, dem griechischen Reich ein Ende zu bereiten. Constantinopel war gefallen, und sie waren jetzt die Herren im Rhomäerreich.

Eine ungeheure Beute war ihnen bei der Eroberung der Hauptstadt zu teil geworden: nie hätte sie Alexius IV. so reichlich belohnen können. Auch waren sie nun nicht blosse Vasallen eines griechischen Kaisers geworden, wie mancher von ihnen wohl gehofft, Bonifaz von Alexius bereits zugesagt erhalten hatte[1], sondern einer der ihrigen hatte den griechischen Kaiserthron bestiegen, und unter seiner Oberhoheit beherrschten sie selbst Königreiche, Herzogtümer und Fürstentümer weithin in griechischen Landen. Und hatten sie nicht zugleich der Kirche einen grossen Dienst erwiesen, da sie dem Schisma ein Ende gemacht und die Griechen mit Gewalt unter das Joch des römischen Papsttums gebeugt hatten? Gewiss, und keiner war mehr erfreut darüber, als Innocenz III.

Nur eins wurde nicht erreicht, und über diesen Mangel vermochte weder der romantische Zauberglanz der abendländischen Ritterherrschaften auf griechischem Boden, noch der Glorienschimmer, der das Papsttum als Beherrscherin der gesamten Christenheit umgab, hinwegzublenden: der Kreuzzug blieb ein Torso. Zwar hegte man in der ersten Siegesfreude über die Eroberung Constantinopels die feste Zuversicht, dass nun die Befreiung des heiligen Grabes nahe bevorstehe. War doch jetzt das grosse Ziel, das den Kreuzfahrern vom Anfang und der Mitte des XII. Jahrhunderts vorgeschwebt hatte, erreicht, das verderbliche Hindernis der Kreuzzüge beseitigt.

Männer aus dem heiligen Lande, die anwesend waren, als ein katholischer Kreuzritter in der Sophienkirche die Krone der griechischen Kaiser aufgesetzt bekam, riefen aus: „dass jetzt ein abendländischer Herrscher über Constantinopel gebiete, sei dem Herrn wohlgefälliger, als wenn selbst Jerusalem den Ungläubigen entrissen wäre, denn jetzt werde sich diese mächtige Stadt dem Dienste der römischen Kirche und dem heiligen Lande widmen, sie, die bisher beiden feindlich gewesen sei; und statt mit den Gegnern des Kreuzes verbunden, die Pilger zu hindern, werde sie sich an einem Vernichtungskriege gegen jene beteiligen[2].

---

1. Creta war ihm versprochen worden. cf. p. 38, Anm. 1.
2. ep. Balduini (1204), Tafel und Thomas, p. 508:
„Aderant incolae Terrae sanctae, ecclesiasticae militaresque per-

Und wie die Christen an die Eroberung Constantinopels grosse Hoffnungen knüpften, so setzte diese die Ungläubigen in gewaltigen Schrecken. Malek al Adel, der Sultan von Aegypten, soll geäussert haben: er würde leichter die Eroberung Jerusalems durch die Christen verschmerzt haben, als die Constantinopels durch die Lateiner[1]. Die Christen erklärten den Fall Constantinopels für heilsamer als die Gewinnung, die Ungläubigen für bedenklicher als den Verlust Jerusalems — erfüllten sich die Hoffnungen, die die einen, die Befürchtungen, die die anderen an die Eroberung des byzantinischen Reiches durch die Lateiner knüpften, dann wurde all' das zur Wirklichkeit, was ein Boëmund, Gottfried von Langres, Suger und Peter von Cluny angestrebt hatten[2]. Das höchste Lob erteilte den Plänen dieser Männer noch nachträglich Innocenz III., wenn er erklärte: Jerusalem würde niemals in die Hände Saladins gefallen sein, hätte Gott bereits vorher das griechische Imperium auf die Lateiner

---

sonae, quorum prae omnibus inaestimabilis erat et gratulabunda laetitia, exhibitumque Deo gratius obsequium asserebant, quam si civitas sancta Christianis esset cultibus restituta, cum ad confusionem perpetuam inimicorum crucis sanctae Romanae Ecclesiae terraeque Hierosolymitanae sese regia civitas devoveret, quae iamdiu tam potenter adversaria stetit et contradixit utrique. Haec est enim, quae ... cum infidelibus ausa est saepius amicitias ferinare ferales et eosdem... extulit iu superbiam seculorum, arma, naves et victualia ministrando. Quid e contrario fecerit peregrinis, magis edocere sufficiunt in omni gente Latinorum exempla quam verba ..."

1. Brief Innocenz' an einen französ. Kleriker, 20.—27. Aug. 1205 (ed. Bréquigny et la Porte du Theil, Band II, p. 759): „Saphadinus (Malek al Adel) vero, qui dominatur in Damasco, Babylonia et Aegypto, postquam Constantinopolitanae urbis captionem audivit, adeo cum omnibus Saracenis indoluit, ut maluissent Hierosolymam occupatam esse a Christianis quam Constantinopolim a Latinis." — Brief Innocenz' an den Legaten Peter Capuano vom 12. Juli 1205 (l. c. p. 761).

„... Sarazeni, qui capta Constantinopolitana urbe nimio fuerant timore perculsi ..." cf. Robert v. Auxerre MG. SS. XXVI, p. 269.

2. cf. oben p. 15 ff.

übertragen. Jetzt sei, fährt er in demselben Briefe fort, durch die Eroberung des byzantinischen Reiches der Weg zum heiligen Lande geöffnet, und dessen Befreiung sicher zu erwarten, wenn vorher die Lateinerherrschaft im griechischen Reiche einigermassen gefestigt sei[1].
Dieses aber ist nicht gelungen. Zwar wurde noch im Jahre 1204 Thracien besetzt, König Bonifaz von Thessalonich durchzog im Triumph die Balkanhalbinsel und die Mannen Kaiser Balduins eroberten den Nordwesten Kleinasiens. Alle Erfolge wurden jedoch wieder in Frage gestellt, als Anfang des Jahres 1205 ein grosser Aufstand der Griechen in ganz Romanien ausbrach und der Bulgarenczar Joannischa den Kreuzfahrern die vernichtende Niederlage von Adrianopel beibrachte[2]. Diese Anfänge sind vorbildlich für die späteren Schicksale des lateinischen Kaiserreichs gewesen. In stetem Kampfe mit inneren und äusseren Feinden haben die Lateiner ihre Kräfte verzehrt und haben sich daher nicht zu einem

---

1. Dieser Brief Innocenz' „universo clero et populo in Christiano exercitu apud Constantinopolim constituto" ist zuerst herausgegeben von Delisle in Bibliothèque de l'École des Chartes, Band XXXIV, (1873), p. 408, wieder abgedruckt bei Tessier l. c. p. 235. Er ist geschrieben im Mai 1205 (Potthast No. 2507 setzt ihn auf den 20. Mai). Er mag hier noch einmal Platz finden:
„Si prevenisset Dominus vota supplicum, et ante terre orientalis excidium Constantinopolitanum imperium ad Latinos a Grecis, sicut hodie transtulit, transtulisset, desolationen Jerosolimitane provincie hodie forsitan Christianitas non defleret. Cum igitur per mirabilem imperii huius translationem ad recuperationem terre illius viam vobis Dominus dignatus fuerit aperire, ac detentio huius quasi restauratio sit illius, monemus universitatem vestram et exhortamur et in remissionem vobis iniungimus peccatorum, quatenus ad solidandum idem imperium in devotione apostolice sedis et nostra et Latinorum dominio fortius retinendum adhuc per anni spatium faciatis moram in partibus Romanie, Karissimo in Christo filio nostro Balduino, illustri Constantinopolitano imperatori, salubre consilium et efficax auxilium tribuentes, nisi forsan presentia vestra usque adeo esset necessaria, ut oporteret vos interim ad eius custodiam properare."
2. Hertzberg l. c. p. 376—82.

Angriff auf die Ungläubigen erheben können. Ja, die Errichtung des lateinischen Kaiserreichs hat dem heiligen Lande sogar geschadet, da es selbst bald zu einem Schmerzenskind des Abendlandes wurde und infolgedessen Hülfskräfte aufsog, die sonst jenem zu gute gekommen wären.

So wurde denn das eigentliche Endziel dieser Heerfahrt der Abendländer nach dem Osten vom Anfang des XIII. Jahrhunderts nicht erreicht. Denn eben als Kreuzzug ist sie ins Leben getreten, unter diesem Namen kennt sie die Geschichte.

Mochten auch Philipp von Schwaben seine verwandtschaftlich-dynastischen Interessen zum Eintreten für Alexius bewogen haben, wirtschaftliche Motive für die Venetianer bei der Unterstützung des Prätendenten, wie bei der endgültigen Eroberung Constantinopels massgebend gewesen sein: seit beide Mächte zur Durchsetzung dieser Interessen einen Bund mit den Kreuzfahrern eingegangen waren, waren deren Ziele auch die ihrigen.

Und wenn selbst die Kreuzfahrer sich nicht lediglich durch die Sorge um das heilige Land hatten leiten lassen, sondern zugleich in der Erwartung, gut bezahlt zu werden, für Alexius; in dem Wunsche sich bezahlt zu machen, für sich selbst Constantinopel erobert hatten, — die Geistlichen des Heeres lockte noch besonders die Aussicht auf die Kirchenunion —: alle diese Interessen deckten sich mit den Zielen der Kreuzfahrt; wie die Einsetzung des Alexius, so sollte auch die Begründung des lateinischen Kaiserreichs vor allem der Wiedereroberung des heiligen Landes dienen.

Keine der beiden Thaten hat jedoch diesen Zweck erfüllt; der Kreuzzug blieb ein Bruchstück.

Ein halbes Jahrhundert sind die Päpste bestrebt gewesen, ihn doch noch zum Ziele zu führen. Fast in allen Aufrufen, in denen sie das Abendland zur Unterstützung des lateinischen Kaiserreichs aufboten, betonten sie, dass die

Festigung dieses Reichs die Wiedereroberung des heiligen Landes verbürge[1]: es galt, das Werk, das die Kreuzfahrer am Anfang des Jahrhunderts begonnen hatten, zu Ende zu bringen.

Erst mit dem Jahre 1261, mit dem Sturz des lateinischen Kaiserreichs, sank diese Hoffnung ins Grab: der Vierte Kreuzzug war endgültig als gescheitert anzusehen.

So hatte also der alte Kreuzfahrergedanke, dass der erste Schritt zur Rettung des heiligen Landes die Unterwerfung des griechischen Imperiums sei, sich als unfruchtbar erwiesen? Keineswegs. Nur die Art und Weise, wie er durchgeführt worden war, war eine unglückliche gewesen. Wer wollte zweifeln, dass einem Heinrich VI. gelungen wäre, woran die flandrischen und französischen Ritter auf Constantins Thron gescheitert sind?

---

[1]. Zahlreiche Beispiele hierfür finden sich in der Correspondenz der Päpste dieser Epoche.

II. Abschnitt.

Die Wendung des Vierten Kreuzzuges gegen Constantinopel war nicht das Werk einer Intrigue.

Wir haben gesehen, wie die friedliche Lösung des Konflikts zwischen dem Abendlande und Byzanz, die der Vierte Kreuzzug bringen wollte, missglückte, wie dann die gewaltsame Lösung, zu der die Kreuzfahrer hingeführt wurden, zwar eine Fülle von Interessen abendländischer Gewalten befriedigte, nur das eine nicht bewirkte, was der eigentliche Endzweck, wie der Einsetzung Alexius' IV., so auch der Eroberung Constantinopels durch die Abendländer war, die Befreiung des heiligen Landes: der Vierte Kreuzzug ist gescheitert.

An diesem Punkte haben die Forscher ihren Standort gewählt, die die Wendung des Vierten Kreuzzugs gegen Constantinopel als eine Ablenkung von seinem wahren Ziele gebrandmarkt haben. „Der Kreuzzug hat sein Ziel nie erreicht, also muss es eine Macht gegeben haben, die ihn von demselben abgelenkt hat." Man suchte und befand schuldig zuerst Venedig, dann das deutsche Königtum. Nach dieser Auffassung wäre es falsch, von einem „Scheitern" des Kreuzzugs zu reden, wie es oben geschehen ist. Denn die Voraussetzung dabei war, dass alle Teilnehmer am Kreuzzug die Bekämpfung des Islam als Endziel vor Augen hatten. Der Ablenkungstheorie zufolge aber hätte es in der Absicht der betreffenden Macht gelegen, dass der Kreuzzug nicht über Constantinopel hinauskommen sollte, danach wäre der Vierte Kreuzzug kein Torso geblieben, sondern wäre, so wie er verlief, eine in sich abgeschlossene Unternehmung gewesen.

Es ist eine Beurteilung ex eventu. Dieser Fehler zog aber unmittelbar einen anderen nach sich, die Annahme nämlich, dass die Macht, die dem Kreuzzug die Wendung gegen Constantinopel gab, auch von vornherein die Vernichtung des griechischen Reichs geplant habe, so nach Hopf l. c. p. 195 Dandolo, der vorausgesehen habe, dass der junge Alexius sich nicht auf dem Throne würde halten können. Die Widerlegung ist einfach. Wäre es den Venetianern um den Besitz Constantinopels zu thun gewesen, so hätten sie ihre Absicht gleich nach der ersten Eroberung ausgeführt, sie hätten nicht blos aus dem Grunde, „weil sie nicht zweifelten, dass Alexius früher oder später einer Revolution erliegen musste" die Stadt aufgegeben, das heisst mit anderen Worten, sich in die Lage begeben, sie möglicherweise aufs neue erobern zu müssen. Eine Eroberung Constantinopels war nun doch einmal keine Kleinigkeit.

Eines zwar hat diese Auffassung für sich. Nur so würde uns einigermassen verständlich werden, wie irgend jemand hätte voraus wissen können, dass der Kreuzzug nicht über Constantinopel hinauskommen werde[1]. Es ist hier eine gewisse Geschlossenheit der Anschauung vorhanden im Gegensatz zu der Riantschen, nach der zwar lediglich die Einsetzung des jungen Alexius geplant wurde, Philipp aber doch hat voraussehen können, dass der Kreuzzug nie zu seinem Ziele kommen werde.

Aber freilich, wenn wir Hertzberg, der sich an Hopf anschliesst, seine Darstellung des Vierten Kreuzzugs mit den

---

1. Notwendigerweise brauchte zwar selbst in diesem Falle nicht von einer „Ablenkung" des Kreuzzuges die Rede zu sein. Der Gedanke, dass die Vernichtung des griechischen Reiches der erste Schritt zur Befreiung des heiligen Landes sei, war ja, wie wir oben gesehen haben, fast so alt wie die Kreuzzüge, und bei dieser Annahme hätten die Kreuzfahrer von Anfang an jenen alten Plan verfolgt, auf den sie in Wirklichkeit erst nach dem Scheitern des neuen (der Einsetzung eines Prätendenten) zurückgriffen.

Worten einleiten sehen: „Der Gedanke, das Reich der Griechen endlich über den Haufen zu werfen, lag bei den Völkern des Abendlandes sozusagen in der Luft", seit langem aufgespeicherter kirchlicher und weltlicher Hass hätten die Abendländer endlich zum Vernichtungskampf gegen die schismatischen und verweichlichten Griechen getrieben[1], — so ist dabei übersehen, was doch gerade das Bemerkenswerte ist, dass die Männer, die diesen Konflikt, dessen Vorhandensein nicht zu leugnen ist, schliesslich auf dem Wege der Gewalt zu Gunsten des Abendlandes entscheiden sollten, mit Plänen nach Constantinopel fuhren, deren Verwirklichung vielmehr ein friedliches Zusammengehen von christlichem Orient und Occident in Aussicht stellte.

Sowohl diejenigen, welche die Wendung gegen Constantinopel herbeiführten: Philipp und Venedig, als die Führer des Kreuzheeres, die in Venedig, die Geistlichen und die übrigen Kreuzfahrer, die in Zara sich für die Fahrt nach Constantinopel gewinnen liessen, hatten nur die Einsetzung des jungen Alexius im Auge[2], die die Sonderinteressen einer jeden Macht befriedigen, zugleich aber auch dem höheren Zwecke der Befreiung des heiligen Landes dienen sollte. Man hegte sogar, indem man seinen Angaben über die Stimmung in Constantinopel traute und zugleich die eigenen Anschauungen über Legitimität und Herrscherwürde bei den Griechen voraussetzte, den Glauben, diese würden, wenn man ihnen den Prätendenten zeige, ihm sofort als dem rechten Erben zufallen und den Usurpator, der durch ein schmachwürdiges Verbrechen zum Throne gelangt war, verjagen[3].

Nur wenn man scharf die Ziele der an der griechischen Unternehmung beteiligten Mächte ins Auge fasst und erkennt, dass sie nichts weiter als die, wie sogar gehofft wurde, un-

---

1. Hertzberg, l. c. p. 346.
2. S. o. p. 37—49.
3. S. o. p. 49.

blutige Verjagung eines Usurpators und Einsetzung des rechten Erben in Constantinopel erwirken wollten; wenn man andererseits sich frei hält von der Beurteilung ex eventu und von dem endlichen Scheitern des Kreuzzuges absieht, wird man die Wendung des Vierten Kreuzzuges gegen Constantinopel richtig beurteilen können.

Hierin aber haben die gefehlt, die diese Wendung eine bewusste Ablenkung der Kreuzfahrt von ihrem wahren Ziele genannt haben.

Doch sehen wir uns die Mächte, die den Verrat an Papsttum und Christenheit geübt haben sollen, etwas näher an.

1. Der „Verrat" Philipps von Schwaben.

Graf Riant hat behauptet, Philipp von Schwaben habe den Kreuzzug von seinem Ziele abgelenkt, um dem Papsttum einen empfindlichen Schlag zu versetzen. Er habe zwar nicht von vornherein diese Absicht gehabt, sondern habe, indem er die Wendung des Kreuzzugs gegen Constantinopel durch einen Vertrag mit dem Haupte des Kreuzheeres, Bonifaz von Montferrat, herbeiführte, das Papsttum zwingen wollen, mit ihm anzuknüpfen. Er habe Innocenz vor die Wahl gestellt, entweder das Projekt anzunehmen: dann hätte dieser sich mit ihm versöhnen und Otto von Braunschweig aufgeben müssen; oder aber es abzulehnen: dann bemächtigte man sich trotz des Papstes des griechischen Reiches, dessen militärische Okkupation auf lange hinaus die Kräfte des Reiches absorbieren würde, und Innocenz erlitt durch das Scheitern seines Lieblingsplanes eine empfindliche Schlappe. Da Innocenz ablehnte, so entschied sich Philipp für den letzteren Weg[1].

Für diese Behauptung aber, dass Philipp den Kreuzzug von seinem Ziele abgelenkt habe, um dem Papsttum einen Schlag zu versetzen, findet sich in keiner Quelle ein direkter Beweis.

---

1. Revue des Quest. Hist., Bd. XVII, p. 356.

Der einzige scheinbare Beweis, der sich erbringen lässt, und zwar aus der Korrespondenz Innocenz' III. und aus seiner Biographie, den gesta Innocentii, ist ein indirekter: aus beiden Quellen ergiebt sich nämlich, dass der Papst sich dem Projekt gegenüber ablehnend verhielt[1].

Riants Gedankengang ist nun der: wenn Innocenz nicht mit der Fahrt nach Constantinopel einverstanden war, muss das griechische Projekt etwas enthalten haben, was den Interessen des Papsttums zuwiderlief, und mit grosser Wahrscheinlichkeit ist diese antipäpstliche Tendenz desselben auf seinen Urheber — nach Riant also auf Philipp — zurückzuführen.

Dagegen ist zu bemerken:

1. Das griechische Projekt enthielt nichts, was den Interessen des Papsttums zuwiderlief. Nicht aus solch' einer antipäpstlichen Tendenz des Projekts ist es zu erklären, dass Innocenz sich schliesslich schroff ablehnend demselben gegenüber verhielt, sondern aus der vorangegangenen Unternehmung gegen Zara, die den Papst gegen alles, was die Kreuzfahrer darnach planten, misstrauisch machte — wie ich das im 3. Teil dieses II. Abschnittes nachweisen werde.

2. Weder die gesta, noch Innocenz in seinen Briefen reden von einer dem Papst feindlichen Absicht Philipps. Nach den gesta hat zwar Philipp die Wendung des Kreuzzugs gegen Constantinopel veranlasst, er hat auch den Papst für die Rückführung seines Schwagers zu gewinnen gesucht;

---

1. Gesta Innocentii III. ed Baluze, c. 83: Bonifaz „dicebatur cum Philippo . . . . habuisse tractatum, ut Alexium, sororium suum, filium videlicet Isaachii . . . reduci faceret ad Constantinopolim ab exercitu christiano ad obtinendum imperium Romaniae.

De quo cum idem marchio ad summum pontificem accessisset, coepit agere a remotis; sed cum intellexisset, ipsius animum ad hoc non esse directum, expeditis negotiis ad crucis officium pertinentibus ad propria remeavit."

aber sie sagen nirgends, dass Philipp damit dem Papsttum habe Abbruch thun wollen. Im Gegenteil, sie erwähnen, (c. 89) wie die übrigen Quellen, die „pacta", die der junge Alexius auf Philipps Rat mit den Kreuzfahrern einging, und die, wie uns die anderen Quellen lehren[1], jenen verpflichteten, nach seiner Einsetzung die Kirchenunion zu vollziehen und die Kreuzfahrer beim Kampfe gegen den Islam mit Truppen, Geld und Lebensmitteln zu unterstützen.

3. Nur dann hätte Philipp beabsichtigen können mit der Lenkung des Kreuzzugs nach Constantinopel einen Schlag gegen das Papsttum zu führen, wenn er hätte voraussehen können, dass die Kreuzfahrer dauernd in Constantinopel würden festgehalten werden. Wie konnte er das aber, wo es sich doch, wie wir oben sahen, nicht um die Okkupation des griechischen Reiches durch die Kreuzfahrer, sondern um die Entthronung eines Usurpators und die Einsetzung eines neuen Kaisers handelte, der ein gut gegründetes Anrecht auf den Thron hatte, dessen Erscheinen vor Constantinopel in Begleitung der Kreuzfahrer — so glaubte man im Abendlande — allein genügen würde, die Griechen zur Verjagung eines Kaisers, der nur durch die Blendung seines Bruders zum Throne gelangt war, zu veranlassen und ihrem rechtmässigen Herrscher in die Arme zu treiben!

Merkwürdig ist, dass Riant selbst diesen guten Glauben bei Bonifaz von Montferrat voraussetzt: „Le marquis paraît s'être trompé ou plutôt avoir été trompé dès l'origine par les faux rapports d'Alexis et les illusions d'Irène sur un point capital, point, dont il est du reste excusable de n'avoir pu apprécier de loin l'importance, je veux parler de la force que l'opinion populaire avait dans une ville comme Constantinople"[2].

Da aber nicht abzusehen ist, weshalb nicht Philipp, der

---

1. S. o. p. 39 Anm. 4 gegen Ende.
2. Revue des Quest. Hist. Bd. XVIII, in dem „Constantinopel" überschriebenen Capitel.

doch immer mit seinem „geheimen Agenten"[1] völlig eines Sinnes war, dessen guten Glauben geteilt haben soll[2], so fragt man sich: wie konnte er, wenn er sich gerade die Gewinnung der Hauptstadt so leicht dachte, zugleich voraussehen, dass die militärische Okkupation des griechischen Reichs die Kräfte des Kreuzzuges für lange Zeit absorbieren würde?

Ganz abgesehen davon aber ist nicht ausser Acht zu lassen, worauf schon Tessier aufmerksam macht[3], dass ja Alexius sich zur Vollziehung der Kirchenunion verpflichten musste, und selbst wenn Philipp in die Zukunft hätte schauen können und vorher gewusst hätte, dass der Kreuzzug nicht über Constantinopel hinaus kommen würde: die Kirchenunion — das musste er sich doch sagen — würde auf alle Fälle die Folge der Einsetzung seines Schwagers durch ein abendländisches Heer sein: das hiess aber nichts weniger als „die welfische Partei ins Herz treffen"[4].

In welchem Zeitpunkt und Mass nun auch Philipp auf die Wendung des Vierten Kreuzzugs eingewirkt hat — ob Weihnachten 1201 zwischen ihm und Bonifaz ein Abkommen getroffen ist oder nicht[5] — er hat nicht die Absicht hegen können, durch die Ablenkung des Kreuzzuges von seinem Ziele dem Papsttum einen Schlag zu versetzen, er hat keinen „Verrat" an Papsttum und Christenheit geübt.

---

1. Revue des Quest. Hist. Bd. XVII, p. 351.
2. Revue des Quest. Hist. Bd. XVII, p. 353 sagt Riant, es sei anzunehmen, dass bei Abschluss des Abkommens zwischen Philipp, Bonifaz und Alexius der letztere „ait exposé les chances locales, que pouvait présenter en faveur de sa cause une intervention latine et parlé du nombre des partisans qu'il avait à Constantinople".
3. Quatrième Croisade, Paris 1884, p. 157.
4. Revue des Quest. Hist. XVII, 340.
5. Diese Frage lässt sich bei dem Quellenmaterial, das uns vorliegt, nicht absolut sicher beantworten, wie bereits erwähnt wurde. Fest steht, dass schon in Venedig zwischen Philipp und den Kreuzfahrern Verhandlungen geführt wurden. S. o. p. 37, Anm. 3.

Wenn man also von einem Verrate Philipps nicht mehr wird reden können, so knüpft sich hier unmittelbar eine andere Frage an: inwieweit ist für Philipp bei seinem Eingreifen in die Geschicke des Vierten Kreuzzuges etwa doch die Rücksicht auf das Papsttum massgebend gewesen? Ist es richtig, was Tessier[1] behauptet: Philipp habe zwar nicht, wie Riant meint, Innocenz vor die Alternative stellen wollen: entweder Annahme des Projekts und Versöhnung oder Ablehnung und dauernde Ablenkung des Kreuzzugs, jedoch der erste Teil der Riant'schen Aufstellung bleibe richtig: Philipp habe die Rückführung seines Schwagers durch die Kreuzfahrer veranlasst, lediglich zu dem Zweck, durch den Einfluss, den er so auf den Verlauf des Kreuzzuges gewänne, den Papst zu zwingen, mit ihm anzuknüpfen, sich womöglich mit ihm zu versöhnen?

Nein. Auf keinen Fall lediglich zu diesem Zwecke. Vielmehr trat Philipp, wie wir oben sahen, für seinen Schwager ein, weil er in dessen Unterstützung den einzigen Weg erkannte, auf dem es ihm möglich wurde, die grosse Orientpolitik Heinrichs VI. fortzusetzen. Seine griechische Politik war ihm Selbstzweck, sie war nicht blosses Mittel zu dem Zwecke, seine Stellung zum Papsttum zu bessern. Man könnte dagegen einwenden: aber die Verpflichtung, die Kirchenunion herbeizuführen[2], die der junge Alexius nach seiner Beratung mit Philipp den Kreuzfahrern gegenüber einging, geschah doch vornehmlich mit Rücksicht auf Innocenz? Zweifellos. Dieser sollte jedoch dadurch nicht sowohl zu einer Begünstigung von Philipps deutscher Politik, als vielmehr in erster Stelle zu einer günstigen Beurteilung eben von dessen Orientpolitik, die er mit der Rückführung seines Schwagers durch die Kreuzfahrer inaugurierte, veranlasst werden. Dies dürfen wir um so eher annehmen, als jene

---
1. l. c. p. 156—165.
2. Innocens ep. V. 122 (Baluze p. 673); s. o. p. 39.

Verpflichtung wahrscheinlich nicht erst auf Philipps Vorschlag, sondern aus Alexius' eigenster Initiative in das Programm, das dieser den Kreuzfahrern zu beschwören versprach, aufgenommen wurde[1].

Wenn es aber nicht der Hauptzweck von Philipps Eingriff in die Geschicke des Kreuzzuges war, die päpstliche Anerkennung seines Königtums zu erlangen, war es vielleicht ein Nebenzweck? Unsere Entscheidung hierüber hängt ganz von unserer Stellung zu einem von den gesta Innocentii gemeldeten Gerüchte ab. Danach hätte Philipp Weihnachten des Jahres 1201 mit Bonifaz von Montferrat einen Vertrag zur Rückführung seines Schwagers durch die Kreuzfahrer geschlossen und wäre durch jenen im Frühjahr 1202 mit Innocenz in Verbindung getreten[2].

Wenn wir den Vertrag annehmen, so werden wir in der That in der Erlangung eines ihm günstigen päpstlichen Votums im deutschen Thronstreit einen Nebenzweck Philipps sehen. Denn in diesem Falle erfuhr der Papst das ganze Projekt, noch ehe es in die That umgesetzt wurde, von Philipp, dieser eröffnete ihm zuerst die Aussicht auf die Union und konnte hoffen, dass sie Innocenz nicht nur zur Einwilligung in das griechische Projekt selbst, sondern auch zur Dankbarkeit gegen denjenigen, der ihm diesen seinen Herzenswunsch erfüllte, veranlassen werde.

Anders liegt die Sache, wenn wir, wofür manches zu sprechen scheint, den Vertrag verwerfen. Dann war die Rücksicht auf das Papsttum von ganz untergeordneter Be-

---

1. Alexius hatte schon bei seiner Anwesenheit in Rom, die vor diejenige bei Philipp zu setzen ist (s. p. 37 Anm. 2) dem Papst seinen guten Willen, die Kirchenunion herbeizuführen, zu erkennen gegeben. Brief Innocenz' an Alexius IV. (Tafel und Thomas l. c. p. 432): Innocenz freut sich, dass Alexius die Union vollziehen will, „sicut etiam, adhuc exul cum esses, in nostra praesentia constitutus asserebas te totis visceribus affectare".
2. gesta Inn. c. 83 s. p. 73, Anm. 1.

deutung bei Philipps Eingreifen in die Geschicke des Kreuzzuges. In diesem Falle nämlich verhandelte Philipp nicht erst mit Innocenz, dann mit den Kreuzfahrern, sondern er wandte sich zunächst an diese, und durch sie erfuhr Innocenz, ehe Philipp direct mit ihm Verhandlungen anknüpfte, von dem griechischen Projekt[1]. Wenn jetzt Philipp Anfang des Jahres 1203 mit dem Papste in Verbindung trat, so konnte er nicht mehr erwarten, durch die Betonung seines Einflusses auf den Verlauf des Kreuzzuges diesen an sich zu fesseln. Er hielt gewissermassen nicht mehr das Heft in der Hand, seit Innocenz bereits von den Kreuzfahrern gehört hatte, dass sie die Einsetzung des jungen Alexius planten, dass derselbe sich ihnen gegenüber zur Kirchenunion verpflichtet habe. In ihrer Hand lag nun die Entscheidung über das Schicksal des Kreuzzuges, von ihnen hatte Innocenz die Erfüllung seines Wunsches — falls er sie von ihnen begehrte — zu erwarten, nicht von Philipp. Dieser hat übrigens auch

---

1. Innocens, ep. V. 122 (ed. Baluze, p. 673 f) vom 16. Nov. 1202 an Alexius III. Philipps Boten haben sämtliche Versprechungen des jungen Alexius den Kreuzfahrern in Venedig verkündet (schon citiert p. 37 Anm. 3): „Caeterum dicti principes, deliberato consilio responderunt, quod, cum in tam arduo negotio sine mandato et auctoritate nostra non possent procedere nec deberent, nos volebant consulere super his ac exinde praestolari nostrae beneplacitum voluntatis, inducentes dilectum filium nostrum Petrum, tituli S. Marcelli presbyterum Cardinalem, qui cum eis transfretare debebat, ut ad praesentiam nostram rediret et super praedictis omnibus nostram inquireret voluntatem".

Ob die Kreuzfahrer wirklich ihre Entscheidung von Innocenz' Richterspruch erwartet haben, ist fraglich; sicher ist nur, dass hiernach Innocenz durch die Kreuzfahrer über die von ihnen geplante Wendung gegen Constantinopel und die Versprechungen des jungen Alexius bereits informiert war, als Philipp mit ihm jene Verbindungen anknüpfte, die wir aus den „promissa" kennen. Tesslers Behauptung (p. 159): „Il se trouvait en quelque sorte forcé de subir les avances de Philippe, d'écouter ses propositions, en un mot d'entrer en négociation avec lui" trifft also nicht zu.

gar nicht gehofft, dass sein Versprechen, die Kirchenunion herbeizuführen, noch grossen Eindruck auf den Papst machen werde. Zwar hat er es unter die „promissa", die er Innocenz einsandte, aufgenommen, aber den ersten Platz unter diesen nimmt die Verheissung einer Familienverbindung mit dem Hause Segni ein. Sie mochte dem Papste noch am ehesten den Besitz von Mittelitalien, das er von dem deutschen Könige verlangte, aufwiegen[1].

Also fassen wir zusammen: wenn wir jenen Vertrag, von dem die gesta Innocentii melden, annehmen, so war die Rücksicht auf das Papsttum ein Nebenzweck bei Philipps Streben, die Kreuzfahrer für die Rückführung seines Schwagers zu gewinnen — der Hauptzweck war diese Rückführung selbst —; verwerfen wir den Vertrag, so kam diese Rücksicht so gut wie gar nicht für Philipp in Betracht.

Unmöglich aber ist es, wie Tessier es thut, den Vertrag zu verwerfen und doch zugleich anzunehmen, dass Philipp für Alexius eingetreten sei lediglich in der Absicht, die Anerkennung seines Königtums durch Innocenz zu erlangen[2].

2. Der „Verrat" Venedigs.

Ehe man Philipp des Verrats an der Christenheit beschuldigte, hat man bereits gegen Venedig dieselbe Anklage erhoben. Hier berief man sich auf eine Quelle aus der Zeit des Kreuzzuges selbst, den syrischen Schriftsteller Ernoul, der behauptet, Venedig habe sich gegenüber dem aegyptischen Sultan zur Ablenkung des Kreuzzuges von Aegypten verpflichtet und dieses sein Versprechen dadurch erfüllt, dass es die Kreuzfahrer nach Constantinopel führte[3].

---

1. Raynaldi, Annales ecclesiastici a. 1203 § 29 cf. Winkelmann, Philipp von Schwaben, p. 298.
2. l. c. p. 156—165.
3. Chronique d'Ernoul et de Bernard le Trésorier ed. Mas Latrie 1871, p. 343—346.
Es heisst vom Sultan „Quant il oi dire, que li Chrestiien avoient

Eine Stütze für Ernouls Behauptung, die man in einem zwischen dem Sultan von Aegypten und Venedig geschlossenen Vertrage gefunden zu haben glaubte[1], hat sich als haltlos erwiesen, da dieser Vertrag erst aus späterer Zeit, wahrscheinlich aus dem Jahre 1208, stammt, wie Hanotaux und Heyd schlagend nachgewiesen haben[2].

leue estoire pour venir en le tierc d'Egypte... (p. 345), si fist apparellier messages, si lor carja grant avoir, puis les envoia en Venisse, et si envoia au duc de Venisse et as Venissiiens grans presens et si or manda salus et umistes. Et si lor manda, que se il pooient tant faire, qu'il destournaissent les Crestiiens, qu'il n'alaissent en le tiere d'Egypte, il lor donroit grant frankise et port d'Alixandre et grant avoir. Li message alerent en Venisse et fisent bien ce (qu'il durent et ce) qu'il quissent et puis si s'en retournerent".

Dann wird p. 302 die Abfahrt von Corfu nach Constantinopel mit dem jungen Alexius berichtet und es heisst:

„Or orent bien oi le proiere et le requeste, que li soudans d'Egypte lor fist, qu'il destournassent les pelerins a mener en Alixandre, dont je vous parlais chi devant."

Viele Quellen geben die Nachricht Ernouls wieder. Unter den von ihm abhängigen Quellen nenne ich nur den „Balduinus Constantinopolitanus" (Tafel und Thomas, fontes rer. austr., Bd. XII, p. 293—304), der, wie er vielfach den Bericht Ernouls ausschmückt und übertreibt, so auch die Verhandlungen des Sultans mit Venedig in origineller Fassung bringt. Seine Abhängigkeit von Ernoul, die schon Klimke (die Quellen zur Geschichte des Vierten Kreuzzugs, Breslau 1875, p. 30—42) betont, leugnen zu wollen, wie es Riant (Revue XXIII, p. 95—97) thut, ist ein vergebliches Bemühen: gerade die jenem Passus folgenden Partieen bis zur Krönung Alexius' IV. (p. 296 u. 297) zeigen eine auffällige Uebereinstimmung mit Ernoul (Mas Latrie, p. 349, 300 u. 361, 366). Die Behauptung, Ernouls Chronik könne trotz Mas Latries Feststellung (p. 495) in keiner Gestalt so früh im Occident verbreitet gewesen sein, lässt sich gerade aus dem Balduinus widerlegen, der übrigens nicht 1214, sondern sicher nach 1219 geschrieben ist, wie die Nachrichten, p. 303, beweisen.

1. Tafel und Thomas, Fontes rer. Austr. Bd. XIII, p. 185—189 Diese vier Stücke gehören, worauf Heyd: hist. du commerce du Levant I., p. 401, Anm. 3, hinweist, ganz eng zusammen, sie bilden ein Privileg.

2. Hanotaux in Revue Historique Mai-Juni 1877, p. 74—102, Heyd l. c. p. 401—404.

Aber Ernouls Anklage bleibt bestehen; wie Tessier (p. 88) es ausdrückt: „nous sommes juste aussi avancés, que le jour, où Ernoul lançait pour la première fois contre la république vénitienne son accusation directe de haute trahison."
Tessier sucht dann, da er Ernouls Behauptung nicht widerlegen kann, einen Verrat Venedigs wenigstens als höchst unwahrscheinlich hinzustellen. Dieser Versuch ist ihm jedoch nicht geglückt. Er weist nämlich, um Venedig vom Verdachte rein zu waschen, besonders auf dessen gute Beziehungen zum Papsttum hin[1]. Was aber Venedig vom Papsttum und seiner Hauptwaffe, dem Bann, hielt, lässt uns eine Klausel in dem Vertrage erkennen, den es am 27. September 1198 mit Kaiser Alexius III. schloss. Danach sollte der Vertrag nicht gebrochen werden: „neque ob ecclesiasticam excommunicationem vel absolutionem alicuius pontificum aut ipsius pape Romani[2]."

Und was das Papsttum von Venedig erwartete, zeigt aufs deutlichste der Vorbehalt, den Innocenz bei der Einwilligung in den zwischen Venetianern und Kreuzfahrern abgeschlossenen Überfahrtsvertrag machte: sie sollten sich hüten, die Länder des Königs von Ungarn anzugreifen, „ne terras regis ipsius laederetis", wie nach Innocenz' eigenen Worten das Verbot gelautet hat[3]. Es hatte danach zwar

---

1. p. 93—96, 102—110.
2. Tafel und Thomas, Fontes rer. Austr., Bd. XII, p. 255: Die Klausel ist wiederholt aus dem Vertrag mit Isaac vom Jahre 1187, l. c., p. 201. Eine solche Bemerkung findet sich in keinem der Verträge, die die griechischen Kaiser bis zum Untergang des byzantinischen Reichs im Jahre 1204 mit Pisa und Genua geschlossen haben. Nur in dem im Jahre 1169 in Constantinopel aufgesetzten Vertragsentwurf, der von dem genuesischen Gesandten dort beschworen wurde, heisst es (Liber iurium reipublicae Genuensis, Turin 1854, p. 254) „et quod numquam absistant Genuenses ab huius modi convenientia, quin faciant secundum eam, neque ob ecclesiasticam prohibitionem." Dieser Vertrag wurde aber von der Republik nicht ratificiert.
3. Innocens ep. VII, 18 (im folgenden werden alle Briefe Innocenz', soweit sie von Tafel und Thomas im XII. Bande der Fontes rer. Austr. abgedruckt sind, nach dieser Ausgabe citiert): vom

nicht denselben Wortlaut, wie das vor Zara verlesene[1], was nach den gesta Innocentii c. 83 anzunehmen wäre, doch es besagte genau dasselbe; es liegt also kein schwerer Irrtum des Verfassers der gesta vor, wie Tessier (resp. Cerone) es darstellen, sondern ein leichtes Versehen desselben.

Bekanntlich war der Argwohn des Papstes nur zu gerechtfertigt, denn in der That ist ein Angriff auf eine Stadt des Ungarnkönigs, auf Zara, unternommen worden, und diese That wirft wieder ein grelles Streiflicht auf die Religiosität der Venetianer. Mögen sie bereits dies Unternehmen beim Abschluss des Überfahrtsvertrages mit den Kreuzfahrern geplant und absichtlich so hohe Summen gefordert haben, um diese in eine Zwangslage zu versetzen[2], oder mag erst die Unfähigkeit der Kreuzfahrer, ihren Verpflichtungen nachzukommen, in jenen den Gedanken wachgerufen haben, dieselbe für ihre Zwecke auszunutzen[3], auf alle Fälle war es unerhört, einen Kreuzzug so für ihre Handelsinteressen auszubeuten, die Kreuzfahrer zum Angriff auf die Besitzung eines Königs, der selbst das Kreuz trug, zu nötigen. Unerhört war auch die Art und Weise, wie sie dem päpstlichen Legaten, als er sich in diese Angelegenheit einmischen wollte, die Thür

---

24. Februar 1204, an Dandolo (p. 441): „Credimus etiam te novisse, qualiter nuntiis tuis, qui ad sedem apostolicam cum crucesignatorum nuntiis accesserunt, petentibus pactiones inter vos initas confirmari, et per eos tibi et Venetis duxerimus inhibendum, ne terras regis ipsius aliquatenus laederetis."

1. Innocenz fährt nämlich in demselben Briefe (VII, 18) fort: ‚Insuper... per literas nostras, quas ad audientiam tuam et Venetorum credimus pervenisse, curavimus districtius inhibere, ne terras Christianorum invadere vel laedere temptaretis" u. s. w.; es folgt eben jenes allgemeine Verbot, das in Zara verlesen wurde, wie es aus Innocenz' Brief, V, 161 aus dem Jahre 1203 (Tafel u. Thomas, p. 408) hervorgeht.

2. Riant in Revue, XVII, p. 361 u. 362.

3. Tessier, l. c., p. 111—134; er sucht auch hier die That der Venetianer zu beschönigen.

wiesen¹, und wie sie sich über das vor Zara verlesene Verbot des Papstes, der im Übertretungsfalle mit dem Bann drohte, hinwegsetzten, ohne das Bedürfnis zu empfinden, wie die Kreuzritter gleich hinterher bei ihm um Absolution nachzusuchen. Wenn Clari den Dogen nach Verlesung des päpstlichen Verbots erklären lässt: „qu'il ne lairoit mie pour l'eskemeniement l'apostoile, qu'il ne se venjast de chiax de la vile" (selbst der Bann des Papstes könne ihn nicht abhalten, Rache an den Zarensern zu nehmen)², so ist das derselbe antikirchliche Geist, der die Venetianer dem Kaiser von Constantinopel gegenüber Verpflichtungen eingehen liess mit dem ausdrücklichen Vermerk, dass dieselben auch im Falle eines päpstlichen Bannes bindend sein sollten.

Venedigs Beziehungen zum Papsttum also, weit davon entfernt, einen venetianischen Verrat unwahrscheinlich zu machen³, könnten viel eher dazu verleiten, an einen solchen zu glauben.

Und dennoch ist Ernouls Anklage unwahrscheinlich, ja sie dürfte unhaltbar sein. Venedig soll sich dem Sultan gegenüber zur Ablenkung des Kreuzzugs von Aegypten verpflichtet und sein Versprechen dadurch erfüllt haben, dass es ihn nach Constantinopel lenkte, so sagt Ernoul. Diese Behauptung steht völlig in einer Linie mit der anderen: Philipp

---

1. Gesta Innocentii c. 86: dux et consiliarii Venetorum timentes, ne ipse impediret eorum propositum, quod male conceperant, de Jadera expugnanda, dixerunt quod, si vellet ire cum eis, non ut legationis, sed ut praedicationis exerceret officium, ducerent illum, alioquin rediret. Quamvis autem displicuisset hoc Francis, rediit tamen inhonoratus a Venetis."

2. Clari, ed. Hopf in chron. gréco-romanes, c. XIV.

3. Tessier bekennt, durch Darlegung der Beziehungen Venedigs zum Papsttum nur die Unwahrscheinlichkeit des venetianischen Verrats dargethan zu haben, Cerone, dessen ganze Abhandlung, wie schon p. 2, Anm. 2 erwähnt, lediglich eine Zusammenfassung der Tessierschen darstellt, glaubt mit denselben Argumenten die Unmöglichkeit eines Verrats erwiesen zu haben (p. 58—62, l. c.).

habe den Kreuzzug dadurch, dass er ihm die Wendung gegen Constantinopel gab, von seinem wahren Ziele fernhalten wollen, um so dem Papsttum einen Schlag zu versetzen. Ebenso wenig wie Philipp konnte Venedig wissen, dass der Kreuzzug nie zu seinem Ziele kommen würde [1]. Wenn Alexius sich in Zara verpflichtete, nach seiner Einsetzung mit den Kreuzfahrern nach Aegypten zu fahren [2], wenn nach der Flucht Alexius' III. aus Constantinopel Isaac das Versprechen seines Sohnes bestätigen muss, bevor dieser von den Lateinern in die Stadt gelassen wird [3], wenn die Kreuzfahrer nur auf Bitten Alexius' IV. den Winter über in

---

1. Schon Wailly weist in seiner Kritik Ernouls, l. c. (p. 2. 2) die Anklage wegen Verrats, die dieser gegen Venedig erhebt, mit der Bemerkung zurück, „von Verrat könne keine Rede sein, da die Venetianer der Sache des heiligen Landes treu zu bleiben glaubten, wenn sie Constantinopel eroberten."

Heyd, l. c. (p. 26, 2) p. 401 äussert gelegentlich in einem Satz dieselbe Ansicht: „die Anklage Philipps und Venedigs wegen Verrat sei ungerecht, beide hätten nicht ahnen können, dass die Kreuzfahrer dauernd in Constantinopel würden festgehalten werden." Er verwickelt sich aber in Widersprüche, wenn er zugleich sich zu der Auffassung bekennt: Philipp habe mit der Hinlenkung nach Constantinopel einen Schlag gegen das Papsttum bezweckt (p. 260), Venedig aber habe dem Plane Philipps zugestimmt, weil es in der Wendung des Kreuzzugs gegen Constantinopel ein vorzügliches Mittel erkannt habe, „pour détourner la croisade de son objet" (p. 266, 400). Ein solches „détourner" war doch, wenn man nicht, wie es oben (p. 85 f.) geschieht, eine „Ablenkung" nach Syrien annimmt (wovon bei Heyd keine Rede ist) ein verräterischer Gedanke der Venetianer, während Heyd offenbar nur die Existenz eines Vertrages zwischen Venedig und dem Sultan als Verrat betrachtet (p. 401).

2. Villehardouin éd. Bouchet, c. 48: „Et il ses cors ira avec vos en la terre de Babilonie ou envoiera, se vos cuidiez que miolz fera à toz dix mil homes a sa dispense etc." Vgl. die übrigen, zahlreichen p. 39, 4 angeführten Quellen.

3. Dandolo Muratori, Bd. XII, p. 322: „Pacta de obedientia Romanae Ecclesiae et succursu terrae sanctae renovantur et confirmantur"; Villehardouin, c. 95, wo obiges Versprechen des Alexius wiederholt wird; Nicetas (ed. Bonn), p. 728.

Constantinopel bleiben und für den März 1204 die Fortsetzung der Kreuzfahrt in Aussicht nehmen [1], wobei die Venetianer sich verpflichten, den übrigen Kreuzfahrern ihre Flotte vom Michaelisfeste 1203 an ein weiteres Jahr zur Bekämpfung der Ungläubigen zur Verfügung zu stellen [2] — wie wir das oben gesehen haben — so scheint mir das alles gegen die Auffassung zu sprechen, Venedig habe die Kreuzfahrer dadurch, dass es sie nach Constantinopel führte, ihrer wahren Aufgabe, der Bekämpfung des Islam, abwendig machen wollen.

Hatten wir aber im vorigen Kapitel, nachdem sich uns ergeben hatte, dass von einem Verrat Philipps von Schwaben nicht die Rede sein könne, uns die Frage vorlegen müssen, inwieweit bei ihm doch die Rücksicht auf das Papsttum massgebend gewesen sei, so werden wir jetzt fragen: welche Rolle hat Aegypten in den Erwägungen der Venetianer gespielt [3]?

---

1. Villehardouin, c. 98/9, ep. Cruces. (Bouquet XVIII, p. 516), ep. Hugonis comitis Sancti Pauli (Tafel und Thomas, p. 311) s. o. p. 51.

2. Rigord: de gestis Philippi Augusti (Bouquet, Recueil, XVII, p. 56): „Dux Venetiarum cum suis Venetianis iuraverunt Francis, se exhibituros navigium et stolium servaturos, promittentes, si Francis Deus benefecerit, quod et ipsi indubitanter sperabant, se numquam ab ipsis recessuros, nisi ad plenum confusis et subiugatis hostibus Christi Jesu; ad quam ipsi promissionem imperiali munificentia sunt inducti, quibus centum millia marcarum argenti exsolvit pro obsequiis Francis hactenus exhibitis et postmodum exhibendis." Diese wichtige Stelle ist bisher in der Weise, wie es hier geschieht, noch nicht verwertet worden.

cf. Villehardouin c. 99: „li Venisien jurerent un an de la feste Saint Michel à retenir l'estoire" u. s. w. (die Stelle ist p. 51, Anm. 1 angeführt).

3. Ich gedenke demnächst auf Grund eines bereits gesammelten Materials eine Abhandlung über Aegypten als Ziel der Kreuzzüge zu veröffentlichen, in der die oben folgenden Dinge eingehender behandelt werden.

Zu sicheren Ergebnissen wird man hier schwerlich kommen, da unsere Quellen dazu nicht ausreichen. Das darf man jedoch wohl annehmen, dass die Venetianer einem Angriff auf Aegypten, ein Land, mit dem sie im lebhaftesten Handelsverkehr standen[1], wenig geneigt gewesen sein werden. Weshalb schenkten sie dann aber, so wird man fragen, den Kreuzfahrergesandten, die anfangs des Jahres 1201 nach Venedig kamen, um Schiffe zur Überfahrt nach Aegypten zu besorgen, Gehör und beschlossen, selbst am Kreuzzuge teilzunehmen[2]? Jedenfalls nicht in der Absicht, diesem die Wendung gegen Constantinopel zu geben. Denn einmal bedeutete ja, wie ich nachgewiesen zu haben glaube, eine solche Wendung überhaupt keine Ablenkung des Kreuzzugs von seinem eigentlichen Ziele, und dann stimmen die meisten Forscher darin überein, dass das griechische Projekt erst auftauchte, als der junge Alexius im Abendlande erschien: das geschah aber erst, als der Überfahrtsvertrag längst geschlossen war. Man kann nun etwa sagen: die Venetianer wollten ein gutes Handelsgeschäft durch die teure Vermietung ihrer Schiffe machen, sie hofften vielleicht mit Hülfe der Kreuzfahrer Zara in ihre Gewalt zu bringen. Gewiss, aber wie dachten sie über das Endziel der Fahrt?

Man muss diese Frage, wie mir scheint, dahin beantworten, dass die Venetianer erwartet haben, es werde

---

1. Dass diese Beziehungen bereits vor dem Vierten Kreuzzug sehr rege waren, beweist eine Stelle in der „relatio de viribus Sarazenorum" (ed. Bongars: Gesta Dei per Francos, Bd. I, p. 1120) aus dem Jahre 1199 (die Jahreszahl nach Riant „de Haymaro monacho", Paris 1865, p. 48 und Röhricht „Geschichte des Königreichs Jerusalem", Innsbruck 1898, p. 683): es ist von dem Hofhalt Malek al Adels, des Bruders Saladins, die Rede: „semper est velatus, cum nuntios recipit Christianorum, Veneticorum et aliorum regum vel principum totius orbis". Diese Stelle hat Heyd, l. c. p. 398/9 nicht berücksichtigt.

2. Der Überfahrtsvertrag bei Tafel und Thomas, loco cit. p. 362—373.

ihnen gelingen, die Kreuzfahrer zu einer Landung in Syrien statt in Aegypten zu bewegen. Zwar herrschte ja auch dort der aegyptische Sultan Malek al Adel. Aber ein Angriff auf dieses Nebenland traf ihn bei weitem nicht so empfindlich, als ein Stoss, der gegen das Centrum seiner Macht, gegen Aegypten, geführt wurde. Die syrischen Küstenstädte waren bereits grösstenteils im Besitze der Christen[1], und es liess sich voraussehen, dass die Waffenthaten der Kreuzfahrer in einigen Zügen nach dem Innern mit wechselnden Erfolgen bestehen würden, wie es im Jahre 1197 der Fall gewesen war. Und selbst wenn das höchste Ziel eines syrischen Feldzugs erreicht, Jerusalem erobert wurde, so konnte das der Sultan immer noch leichter verschmerzen, als den Verlust einer aegyptischen Stadt[2]; wenn er aber die venetianischen Kolonisten in Aegypten seinen Zorn fühlen liess, nun, so würde man ihn auf das Verdienst hinweisen, das sich Venedig durch die Abwendung des Kreuzzugs von Aegypten erworben hatte: daraufhin würde er von seinem Hass gegen die Venetianer ablassen und sich ihnen wahrscheinlich sogar dankbar erweisen.

Eine Stütze für diese Ansicht bildet vor allem die Thatsache, dass in dem Überfahrtsvertrage, den Venedig mit den Kreuzfahrern schloss, nur ganz allgemein von einer Unterstützung des heiligen Landes die Rede ist[3], während erst nach Abschluss des Vertrages im geheimen abgemacht wurde, dass das Ziel der Fahrt Aegypten sein solle[4].

---

1. Laodicea, das muhamedanisch war, gehörte nicht Malek a Adel, sondern einem seiner Neffen, mit dem er bis zum März 1202 im Kriege lag (Röhricht, l. c., p. 685). Vielleicht dachten die Venetianer an einen Angriff auf diese Stadt, der dem aegyptischen Sultan nur willkommen hätte sein können. vgl. Streit, l. c. (p. 1, 2), p. 29 u. Note 224.

2. Ich erinnere nur an die Friedensanerbietungen, die der Sultan Malek el Kamel im Jahre 1219 macht, als er fürchtet, Damiette könne von den Kreuzfahrern erobert werden. s. Röhricht, l. c., p. 737 u. 738.

3. Tafel und Thomas, l. c. p. 363—5.

4. Villehardouin, c. 18: heimlich (coiement) wurde festgesetzt

Riant meint nun, Venedig sei, nachdem es sich so nicht direkt gegen Aegypten verpflichtet habe, mit dem Sultan in Verhandlung getreten und habe ihm angeboten, die Kreuzfahrer statt nach Aegypten nach Palästina zu führen. In diesem Sinne sei dann jener Vertrag zustande gekommen, von dem Ernoul berichtet, denn der Sultan sei völlig damit zufrieden gewesen, wenn er nur nicht in Aegypten angegriffen wurde. (Revue XVII. p. 330.)
„que on iroit en Babiloine, porce que par Babiloine poroient mielz les Turcs destruire que par altre terre" und öffentlich (en oiance) „que on iroit oltremer".

Es scheint doch, dass wir dieser Meldung, der zufolge man beschloss mit ganzer Macht nach Aegypten zu fahren, mit der auch Günthers Nachricht (Exuviae, Bd. I, p. 70) übereinstimmt, mehr Glauben schenken müssen, als derjenigen der gesta Innocentii III, c. 83: „. . . communiter est provisum, ut aliquot in Syriam destinatis, caeteri tenderent in Aegyptum, ut caperent Alexandriam et finitimas regiones, sicque terra sancta liberaretur facilius de manu paganorum". Denn Villehardouin, der selbst mit in Venedig wegen der Überfahrt verhandelt hatte, also auch jene geheime Abmachung genau kannte, betrachtet es als einen Verstoss gegen dieselbe, als viele Kreuzfahrer in Zara nach Syrien segeln wollen. „Dort", erklärt die Partei, der er angehört, „sei nichts auszurichten", „sachiez que par la Terre de Babiloine ou par Grèce est recovrée la Terre d'Oltremer, s'ele jamais est recovrée . ." (c. 49). Als Grund, weshalb man in Syrien nichts beginnen können, galt der dort zwischen Christen und Muhamedanern bestehende Waffenstillstand: Günther, p. 70, „propterea quod tempore illo in partibus transmarinis inter nostros et barbaros inducie pacis erant, quas nostris, salva fide, quam interposuerant, solvere non liceret". Die Ansicht, dass von Anfang an eine Teilung der Streitkräfte geplant sei, konnte leicht entstehen, da ja in Wirklichkeit ein grosser Teil der Kreuzfahrer nach Syrien segelte. Der Verfasser der gesta musste noch besonders durch die unbestimmten Ausdrücke, die sich in Innocenz' Briefen über das Ziel der Kreuzfahrer finden, zu seiner Auffassung hingeführt werden. Es heisst in ep. VI, 102, aus dem Jahre 1203 an die Kreuzfahrer (Tafel und Thomas, p. 417): „permittimus, ut cum ipsis usque in terram Saracenorum vel Hierosolymitanam provinciam, iuxta quod inter vos et ipsos convenit vel honeste convenerit, navigio transeatis". Nachher folgen noch einmal dieselben Ausdrücke.

Abgesehen davon, dass es nicht sehr wahrscheinlich ist, dass der Sultan einer Macht in dem Augenblick, wo sie sich zum Kampfe gegen ihn rüstete — denn auch in Syrien konnte ihm mancherlei Abbruch gethan werden — grosse Privilegien erteilt haben soll, ist zweierlei dagegen zu bemerken:

a. Nach Ernoul haben die Venetianer dadurch ihre Verpflichtung erfüllt, dass sie den Kreuzzug nach Constantinopel lenkten. Ausser Ernoul (und den von ihm abhängigen Quellen) besitzen wir aber kein Zeugnis für den Vertrag, auch nicht diesen selbst, denn der bei Tafel und Thomas l. c. abgedruckte ist nicht der in Frage kommende.

b. Wäre dieser Vertrag, wie Riant annimmt, der im Jahre 1202 abgeschlossene, so würde er nur ein weiterer Beweis dafür sein, dass Venedig seiner Verpflichtung nur durch eine völlige Ablenkung des Kreuzzugs von den Ländern des Sultans nachkommen konnte. Denn es findet sich darin der Passus: „Et omnes qui vadunt in peregrinatione ad sanctum sepulchrum cum Veneticis sint salvi et securi in personis suis", was Riant selbst, um zu beweisen, dass dieser Vertrag sehr wohl vor einem Kreuzzug abgeschlossen sein könne, interpretiert (Revue XXIII, p. 101): „die Venetianer sollten dafür sorgen, dass friedliche Pilger und keine Kreuzfahrer sich dem heiligen Lande nahten." Man erkennt den Widerspruch mit seiner zehn Seiten vorher ausgesprochenen Behauptung: „wenn die Venetianer einfach den Kreuzzug ins heilige Land gelenkt hätten, so hätten sie ihre Verpflichtung gegenüber dem Sultan ebensogut erfüllt."

Wenn also keine Verpflichtung, so werden wir doch den Wunsch der Venetianer annehmen, nach Syrien statt nach Aegypten zu fahren.

Da hat sich ihnen nun wahrscheinlich von vornherein eine wichtige Handhabe geboten, um diesen ihren Willen im entscheidenden Augenblicke durchzusetzen.

Wir sahen schon, dass in dem anfangs des Jahres 1201 zwischen den Gesandten der Kreuzfahrer und den Venetianern abgeschlossenen Überfahrtsvertrage nur ganz allgemein von einer Unterstützung des heiligen Landes die Rede war. So sehr dies im Sinne der Venetianer war, so haben doch vermutlich nicht sie diese allgemeine Fassung veranlasst. Vielmehr darf man wohl annehmen, dass die Gesandten der Kreuzfahrer selbst nicht gewünscht haben, dass Aegypten als Ziel im Vertrage genannt werde, weil bei den Beratungen der Kreuzfahrer im Jahre 1200 ein Teil sich gegen die Fahrt nach Aegypten und für eine Landung in Syrien ausgesprochen hatte. Es empfahl sich daher, um möglichst viele Pilger zum Stelldichein in Venedig zu bewegen, in dem Vertrage nur ganz im allgemeinen von der Unterstützung des heiligen Landes zu reden[1]. Auf diese Weise haben vermutlich die Venetianer schon damals von der Meinungsverschiedenheit, die unter den Kreuzfahrern herrschte, erfahren — ihre Gesandten, die die Kreuzfahrerboten nach Frankreich begleiteten, werden ihnen Näheres darüber haben melden können — und damit erkannt, dass es ihnen nicht schwer werden würde, im Bunde mit jener „syrischen" Partei eine Landung in Palästina durchzusetzen.

Als dann im September 1202 Gesandte Philipps von Schwaben nach Venedig kamen, die um Hülfe für den jungen Alexius nachsuchen sollten, und bei den nun beginnenden geheimen Verhandlungen der Doge sofort, wie wir oben sahen, im Interesse seiner Vaterstadt für das griechische Projekt eintrat, da wird er sich zwar nicht verhehlt haben, dass das Versprechen des Alexius, nach seiner Einsetzung entweder selbst mit nach Aegypten zu fahren, oder 10 000 Mann zum Kreuzheer stossen zu lassen[2], das Zustandekommen eines Angriffs auf Aegypten wieder mehr in den Bereich der

---

[1]. Tessier hat diesen Gedanken (l. c. p. 62) ausgesprochen. Seine Ausführungen über die Stellung der Kreuzfahrer zu dem aegyptischen Projekt (p. 57—72) sind sehr beachtenswert, wenn ich auch nicht in allen Punkten mit ihm übereinstimme.

[2]. Villehardouin, c. 48.

Möglichkeit rückte, aber er wird sich zugleich gesagt haben, dass viele Pilger, wenn sie schon von vornherein sich gegen eine Landung in Aegypten sträubten und nach Syrien verlangten, erst recht, wenn sie erst mit nach Constantinopel segeln würden, von dort dahin drängen würden.

Nun zeigte sich sogar in Zara, als der Plan dem Kreuzheere vorgelegt wurde, dass viele Kreuzfahrer, wie dem aegyptischen, so auch dem griechischen Projekt feindlich waren: Tausende verliessen das Heer, um Syrien, dem alten Kreuzfahrerziel, zuzustreben[1]. Und die grosse Masse, die noch in Corfu sich entfernen wollte, wurde nur durch das Versprechen gehalten, dass sie in Constantinopel vom St. Michaelisfest ab auf ihren Wunsch Schiffe zur Überfahrt nach Syrien erlangen würden[2].

Die Marschroute der Venetianer war jetzt gegeben: sie brauchten sich, wenn der junge Alexius eingesetzt war, und die Weiterfahrt in Frage stand, nur dieser popularen Strömung zu bedienen, um eine Landung in Syrien durchzusetzen. Das haben sie denn auch gethan. Als die Kreuzfahrer auf Bitten des jungen Alexius in Constantinopel zu überwintern beschlossen, wurde festgesetzt, dass die Fahrt im Frühjahr 1204 zunächst nach Syrien gehen solle, dass man erst von da aus in Aegypten eingreifen wolle[3]. Zwar behielt man so den

---

1. s. oben p. 43.
2. Villehardouin, c. 59.
3. Villehardouin, c. 98: „... Mais se nos atendons trosque al Marz, nos lairons cest emperor en bon estat et nos en irons riche d'avoir et de viande et puis nos en irons en Surie et corrons en la Terre de Babiloine... et ensi porra estre la Terre d'oltremer recovrée."
Die ep. Cruces (Bouquet, XVIII, p. 516) und ep. Hugonis (Tafel und Thomas, p. 311), die nur von einem Angriff auf Aegypten reden (s. o. p. 51, 1) sind ungenau. Dass wirklich zunächst eine Landung in Syrien geplant wurde, erfahren wir auch aus dem Briefe Innocenz' an Bonifaz von Montferrat vom September 1205 (Tafel und Thomas, p. 562). Innocenz liefert zunächst eine Inhaltsangabe des Briefes, in dem Bonifaz ihm den Verlauf des Vierten Kreuzzuges auseinandersetzt. Nach Alexius' IV. Einsetzung „cum vos ad navigandum in Syriam totis viribus pararetis..."

Angriff auf Aegypten immer noch im Auge: ob es aber dazu kommen würde, war sehr fraglich, besonders, wenn die Eroberung Jerusalems gelang, und damit der asketische Eifer der Pilger befriedigt war. Auch zur Fahrt nach Syrien ist es nicht gekommen, und der Kreuzzug scheiterte. Dieselbe Beurteilung ex eventu nun, die in unserem Jahrhundert den Grafen Riant gegen Philipp die Anklage wegen Verrats schleudern liess, veranlasste im XIII. Ernoul, diese Beschuldigung gegen Venedig zu erheben, ihn, der als Bewohner des heiligen Landes am schmerzlichsten das Scheitern des Vierten Kreuzzugs empfinden musste: nur ein Verrat konnte der Grund dafür sein, und auf Venedig fiel wegen seiner guten Beziehungen zu Aegypten der Hauptverdacht.

3. Die Stellung Innocenz' III. zur Wendung des Kreuzzugs gegen Constantinopel.

Man könnte die Frage aufwerfen: Hat nicht das Oberhaupt der Christenheit sich der Wendung des Kreuzzugs nach Constantinopel gegenüber ablehnend verhalten, und wirft das nicht ein bedenkliches Licht auf diese Unternehmung selbst?

Dies führt uns auf die Betrachtung der Stellung Innocenz' III. zu den Ereignissen der Jahre 1202—4.

Die griechischen Projekte der Kreuzfahrer des XII. Jahrhunderts waren grossenteils von den Päpsten begünstigt worden: ein Legat Paschals' II. half Boëmund das Abendland gegen den griechischen Kaiser aufrufen[1], Eugen III. war eine Zeit lang den französisch-normannischen Plänen geneigt gewesen[2]. Was nun Innocenz' Stellung zum Vierten Kreuzzug betrifft, so hat Riant seine Wendung gegen Constantinopel

---

1. cf. oben p. 15.
2. v. Sybels Studie über den Zweiten Kreuzzug, Kleine Hist. Schriften, Bd. I, p. 452.

in ihrem ganzen Verlaufe ein für den Papst beklagenswertes Ereignis genannt[1]; nach Tessiers Ansicht war es zwar Innocenz' Pflicht als Papst, jeden Angriff auf Christen zu verbieten, eine Übertretung dieses seines Verbotes aber hat ihn nicht übermässig bekümmern können, weil sie ihm ja unverkennbar grosse Vorteile bringen musste[2]. Beide Ansichten treffen nicht ganz das Richtige. Es ist vielmehr festzustellen, dass Innocenz das griechische Unternehmen, wie es die Kreuzfahrer planten, d. h. mit der Einsetzung des Alexius als Ziel, in Idee und Ausführung als dem Kreuzzug schädlich verwarf, dass er aber die Gründung eines lateinischen Kaiserreichs am Bosporus sofort als einen Triumph der römischen Kirche und eine Förderung der Befreiung des heiligen Landes ansah.

Es muss zunächst Wunder nehmen, dass Innocenz einer Unternehmung, deren Ziel es war, zwei seiner Lieblingswünsche: die Kirchenunion und die Unterstützung des heiligen Landes durch einen griechischen Kaiser[3], zu erfüllen, ab-

---

1. Revue, XVIII, p. 60—69, vorher 24—33.

2. l. c. p. 185—238 (seine Argumentation findet sich in gedrängter Form wiederholt bei Cerone, l. c. p. 2, 2). Vgl. auch Hopf, l. c. p. 190.

3. ep. I. 353 vom August 1198 an Alexius III. (ed. Baluze, wie die folgenden Briefe). — Neben der Kirchenunion fordert er Unterstützung des heiligen Landes. Das christliche Volk murrt, denn „nec Christo exuli subvenire, nec ad liberationem terrae nativitatis ipsius intendere hactenus, sicut debueras, curavisti, cum tam ex vicinitate locorum quam abundantia divitiarum tuarum et potentia, qua inimicos crucis munere divino praecellis, id potueris commodius et expeditius aliis principibus adimplere".

Innocenz rät also „quatenus ... viriliter ac potenter assurgas in adiutorium Jesu Christi et ad terram ipsam, quam ipse proprio sanguine comparavit, ... liberandam de manibus paganorum et restituendam pristinae libertati .... sicut tantus princeps manum extendas et exercitum dirigas copiosum".

Ferner ep. II 211 vom 13. November 1199 an Alexius III.; ein Brief an denselben, der nach Potthast vor Februar 1201 geschrieben ist (Bd. III der Migne'schen Ausgabe von Innocenz' Werken, p. 1182);

lehnend gegenüberstand. Zu oft hatte ihn doch Alexius III. mit leeren Versprechungen hingehalten[1], als dass er nicht das Streben der Kreuzfahrer, das, was jener nicht aus freien Stücken bewilligte, durch seine Absetzung und die Einsetzung eines neuen Kaisers zu erlangen, hätte anerkennen sollen. Und anfangs hat er es auch wohl gethan. Mochte er auch, nachdem er von den Absichten der Kreuzfahrer gehört hatte, noch einmal den Usurpator zur Nachgiebigkeit mahnen: er wird sich doch nach dem, was vorangegangen war, nicht viel Erfolg von dieser Aufforderung haben versprechen können, und wenn der Kaiser wieder Ausflüchte machte, dann musste Innocenz doch wirklich in der Durchführung des Planes der Kreuzfahrer den einzigen Weg sehen, auf dem noch die Erfüllung seiner Wünsche möglich war[2]. Wenn er sich dann trotzdem ablehnend verhielt, so hatte das seine ganz besondere Ursache.

---

vgl. auch ep. II. 251 vom Dezember 1199 an Philipp August von Frankreich und gesta Innocentii c. 64 einen Brief Innocenz' vom März/April 1201 an Alexius III. — siehe auch gesta c. 60—64.

1. ep. II. 210, vom Februar 1199: Alexius III. an Innocenz; ep. II. 211, l. c.

2. ep. V. 122 vom 16. November 1202 an Alexius III.

Innocenz benachrichtigt ihn zuerst über die Absichten der Kreuzfahrer und fährt dann fort: „et cum nuntii tui ad nostram accesserint praesentiam, super his cum fratribus nostris habebimus tractatum et illud statuemus, quod tibi poterit merito complacere, quamquam plures assererent, quod huius modi postulationi benignum deberemus praestare favorem pro eo, quod Graecorum Ecclesia sit apostolicae sedi minus obediens et devota."

Zum Schluss heisst es: obgleich von den griechischen Kaisern seit Manuel „semper nobis et praedecessoribus nostris per verba responsum fuerit et nihil operibus demonstratum", lasse er Milde walten, „credentes ut, inspecta gratia, quam tibi fecimus, emendare celeriter debeas, quod tam a te quam a tuis praedecessoribus minus provide hactenus est omissum, cum et secundum humanam industriam id debere (s) studiosissime procurare, ut ignem in remotis partibus extingueres, non nutrires, ne usque ad partes tuas posset aliquatenus pervenire".

Der entscheidende Grund dazu war ohne Zweifel die vorausgegangene Unternehmung gegen Zara[1]. Unglaubliches war geschehen: die Männer, die sich dem Kampf gegen die Ungläubigen zum Heil der ganzen Christenheit geweiht hatten, hatten die Frevlerhand gegen christliche Brüder erhoben, und nicht genug, die Stadt, die sie erobert und geplündert hatten, war einem König unterthan, der selbst das Kreuz genommen hatte.

Diese unnatürliche That musste auf alles, was die Kreuzfahrer nachher planen würden — wenn es nicht der Kampf gegen den Islam war — einen dunklen Schatten werfen. Da die Männer, die ihr Kreuzzugsgelübde durch einen so frechen Raubzug gegen einen christlichen König befleckt hatten, nach Innocenz' Meinung beim Angriff auf Griechenland nicht reinere Absichten hegen konnten, so untersagte er jetzt zuerst ausdrücklich das griechische Unternehmen, indem er zwar die erbetene Absolution wegen Zara erteilte, aber vor der Wiederholung eines solchen Vergehens warnte, und das Verbot eines Angriffs auf christliche Mächte, das die Kreuzfahrer bereits von Zara hätte fern halten sollen, aufs neue einschärfen liess[2]. Man sieht, er behandelte beide Angelegenheiten als gleichwertig, und Tessiers Behauptung: „Il est incontestable que l'interdiction de Constantinople n'a pas le même caractère que celle de Zara" (p. 223) ist hinfällig.

---

1. vgl. Riant, Revue XVIII, p. 26 u. 27, Bouchet, l. c. (p. 2,1) p. 68.

2. Innocenz, ep. V. 162 vom Jahre 1203 an die Kreuzfahrer (Tafel u. Thomas, p. 411): der Legat oder einer seiner Vertreter soll „omnibus ... praecipiant in communi, ut a similibus de cetero penitus caveatis nec invadentes terras Christianorum nec laedentes in aliquo, nisi forsan illi vestrum iter nequiter impedirent vel alia iusta sive neccessaria causa forsan occurreret, propter quam aliud agere interveniente apostolicae Sedis consilio valeretis". In der That sandte der Legat einen Boten ab, der dieses päpstliche Mandat den Kreuzfahrern überbrachte (VI. p. 99 vom April 1203, Brief der Kreuzfahrer an Innocenz, p. 411): „et tam vestris quam ... Legati literis per nuntium ipsius et nostros receptis ...").

Auch die Erlaubnis, sich an den Küsten des griechischen Reiches Lebensmittel zu verschaffen, bedeutet keine Connivenz des Papstes, schon deshalb nicht, weil Innocenz sie in einem Briefe erteilte, der gleichzeitig mit dem Schreiben in die Hände der Kreuzfahrer gelangen musste, in dem er die Wiederholung eines Angriffs auf christliche Mächte verbot[1]. Wenn

---

1. ep. VI. 102, wie ich mit Tessier (p. 284) annehme, aus dem März 1203 an die Kreuzfahrer (Tafel und Thomas, p. 418): „Ne autem victualia vobis desint . . ., Imperatori Constantinopolitano scribemus, ut iuxta quod per literas suas nobis ipse promisit, victualia vobis faciat exhiberi. Quodsi forsan ea vobis contingeret denegari . . . possitis . . . sub satisfaciendi proposito ad necessitatem tantum ea sine personarum accipere laesione". cf. Günther, l. c. p. 78.

Der Hauptgrund, weshalb Tessier den Brief statt auf den 20. Juni (Potthast No. 1948) in den März 1202 setzt, ist der, dass Bonifaz von Montferrat in seinem Briefe an Innocenz vom April (Tafel u. Thomas, p. 414) auf eine Weisung Bezug nimmt, die Innocenz eben in dem Briefe VI. 102 erteilt hat.

Bei Bonifaz heisst es (p. 414): „Reminiscens de consilio vestro multa dissimulanda fore loco et tempore, si Veneti ad dissolutionem stolii aspirarent." Ich füge hinzu, dass sich in dem gleichzeitigen Brief der Kreuzfahrer an Innocenz (p. 412) eine ähnliche Bemerkung findet: „pro apostolica reverentia et de conservatione stolii vestra voluntate complenda". Diesen Wunsch hat Innocenz ausgesprochen eben in ep. VI. 102 (p. 419). „Provideatis autem prudenter et caute, ut, si forte Veneti voluerint occasiones aliquas invenire, quod exercitus dissolvatur, multa pro tempore dissimulare ac tolerare curetis, donec ad locum perveneritis destinatum . . ."

Danach wäre also die ep. VI. 102 aus dem März 1203, und sie ist aller Wahrscheinlichkeit nach zugleich mit ep. V. 162 (p. 409), in der den Kreuzfahrern die Absolution erteilt, aber ein weiterer Angriff auf Christen verboten wurde, dem Gesandten des Kreuzheeres, dem Bischof von Soissons, mitgegeben worden: was oben im Text behauptet wird. Tessiers Argumente für diese Gleichzeitigkeit der beiden Briefe (p. 284—286) sind nicht zwingend, aber ein Beweis, dass ep. VI. 162 (Absolution) und VI. 102 (Gebot, den Kreuzzug zusammenzuhalten) beide dem Bischof von Soissons mitgegeben wurden, findet sich bei Villehardouin, c. 55:

„Et li apostoiles dist al messages qu'il savoit bien que par la defaute des altres lor covint grant meschief à faire. Si en ot grant

aber keine Willfährigkeit, was bedeutete dann diese Erlaubnis? Man hat bisher dafür keine genügende Erklärung gefunden. Sie sollte dazu dienen, der Not der Kreuzfahrer Abhülfe zu schaffen: diese hatten nämlich den Mangel an Lebensmitteln als Hauptgrund für die Unterstützung des jungen Alexius, der ihnen nach seiner Einsetzung solche in Fülle zu liefern versprochen habe, angegeben[1].

Als Innocenz dann aber erfuhr, dass der Beschluss feststand, nach Constantinopel zu segeln, da zog er jene Erlaubnis zurück und untersagte noch einmal mit den schärfsten Ausdrücken den Angriff gegen Alexius III.[2].

Seine Mahnrufe verklangen ungehört, und das Kreuzheer fuhr nach Constantinopel.

---

pitié et lors manda as barons et pelerins salut et qu'il les asolvoit come ses filz et lor comandoit et prioit, que il tenissent l'ost ensemble, car il savoit bien, que sanz cel ost ne pooit li servises Dieu estre fais."

1. Diesen Grund für das griechische Unternehmen werden die Boten der Kreuzfahrer, die um Absolution wegen Zara nachsuchten, angegeben haben. Das können wir aus dem Ausdruck schliessen, den Innocenz gebrauchte, als er später seine Erlaubnis, Lebensmittel zu requirieren, zurückzieht (Tafel und Thomas, p. 117): „cessantibus potius ... necessitatibus simulatis." Ausserdem wissen wir, dass eine solche Not bestand aus dem p. 42 Anm. 1 angeführten Quellenstellen.

Um den Kreuzfahrern diesen Grund zu nehmen, gab er jetzt ihren Gesandten den Brief mit, in welchem er die Erlaubnis erteilte, Lebensmittel an den griechischen Küsten zu requirieren. So auch Joh. Lucius, l. c. p. 251: „... cum summus Pontifex ... ut praetextum inopiae removeret, eisdem concessisset, quocumque transibant, victualia accipere possent ..."

2. ep. VI. 101 aus dem Mai (nach Tessier, p. 282) 1203, an die Kreuzfahrer (Tafel und Thomas, p. 415 f.) Innocenz hat die Briefe der Kreuzfahrer vom April erhalten (Tafel und Thomas, p. 411, 413) und spricht seine Freude über die Absolution aus, zugleich hat er aber ein Schreiben des Legaten Peter Capuano empfangen, aus dem hervorging, dass die Kreuzfahrer die Unterstützung des Alexius beschlossen haben (ep. VI. 48: „... quod, sicut accepisti pro certo, cum .. Alexio ..., quem ducere secum intendunt, velint in Graeciam proficisci"), und er fährt dann in diesem Briefe vom Mai 1203 fort, er hoffe, dass sie nicht rückfällig würden, indem sie doch gegen Christen

Anfangs August wusste Innocenz, dass sein Verbot übertreten war, und tiefe Trauer erfüllte ihn, dass die Kreuzfahrer „a puritate prioris propositi recedentes negligere videantur reliquias terrae sanctae[1]."

Aber nun kamen ihre Jubelberichte über die Eroberung Constantinopels: die Fortsetzung der Kreuzfahrt mit griechischer Unterstützung wurde für das nächste Frühjahr angekündigt, und der junge Kaiser stellte die Unterordnung der griechischen Kirche unter das Papsttum in Aussicht[2].

Musste Innocenz jetzt nicht erkennen, dass es sich hier doch um etwas anderes handelte als einen gewöhnlichen Raubzug, wie die Unternehmung gegen Zara es gewesen war? Gewiss, eins hätte die That der Kreuzfahrer in seinen Augen rechtfertigen können: die offene und feierliche Vollziehung des Anschlusses der griechischen Kirche an Rom[3]. Wenn der junge Alexius endlich erfüllte, was sein Oheim so oft versprochen, aber nie ausgeführt hatte, dann war seine Einsetzung zu billigen. That er das aber nicht, liess auch er es wieder bei blossen Versprechungen bewenden, dann war durch den Thronwechsel nichts gewonnen, und es blieb als einziges Resultat die Verzögerung der Kreuzfahrt: denn nach den Aussichten der Union scheint Innocenz die einer Unter-

ihre Waffen richteten. Von der Erlaubnis wegen der Lebensmittel kein Wort mehr, vielmehr ruft er ihnen zu (p. 417): „cessantibus potius occasionibus frivolis et necessitatibus simulatis in Terrae sanctae subsidium transeatis et Crucis iniuriam vindicetis, accepturi de hostium spoliis, quae vos, si moram feceritis in partibus Romaniae, oporteret forsitan a fratribus extorquere, aliter enim, quia non possumus nec debemus, remissionis vobis gratiam nullatenus exhibemus."

1. ep. VI. 130 vom August 1203 an den Cardinal Soffred im heiligen Lande (ed. de Bréquigny, Bd. II. p. 342.)
2. ep. Cruces. ed Bouquet, XVIII. 516, ep. Hugonis, Tafel und Thomas, p. 304 ff., ep. Alexii imp. Tafel und Thomas, p. 426 ff.
3. ep. VI. 230 vom 7. Februar 1204 an die Kreuzfahrer (Tafel und Thomas, p. 434): „istud (die Vollziehung der Union) erit et verum devotionis ciusdem Imperatoris indicium et vestrae simplicitatis evidens argumentum."

stützung der Kreuzfahrt durch die Griechen beurteilt zu haben.

Wirklich war letzteres der Fall. Beim vierten wie beim dritten Alexius blieb es bei schönen Worten, und mit fast denselben Ausdrücken, wie vorher den Oheim, musste Innocenz jetzt den Neffen mahnen, den Worten auch die That folgen zu lassen[1].

Den Kreuzfahrern aber schreibt er: da die Kirchenunion nicht die unmittelbare Folge ihrer Fahrt nach Constantinopel sei, so liege der Verdacht nahe, dass sie diese Unionsbestrebungen nur als Deckmantel ihrer Ausschreitungen benutzten, dass in Wirklichkeit das Unternehmen gegen Constantinopel in einer Linie mit dem gegen Zara stehe, und dass sie daher aufs neue dem Banne verfallen seien. Zwar hält er noch dafür, dass die Kreuzfahrer imstande sein möchten, durch die Herbeiführung der Kirchenunion ihr Unternehmen zu rechtfertigen, aber er will lieber auf diesen Beweis ihrer lauteren Gesinnung verzichten, weil dadurch die Kreuzfahrt die ihm vor allem am Herzen liegt, noch länger hinausgeschoben würde. Sie sollen vielmehr dieselbe ohne Verzug fortsetzen, sich vorher jedoch vom Banne lösen lassen, denn diesem sind sie natürlich verfallen, wenn sie von Constantinopel abfahren, ohne die Union bewerkstelligt zu haben[2].

Wir sehen, Innocenz stand der Wendung des Vierten Kreuzzugs gegen Constantinopel feindlich gegenüber. Den Plan als solchen hat er wegen des bösen Präcedenzfalles ver-

---

1. ep. VI. 229 vom 7. Februar 1204 an Alexius IV. (p. 432) „Sane si dictis facta compenses, et quod polliceris verbis, operibus exequeris, Deum tibi reddes propitium. vgl. ep. V. 122 vom 16. Nov. 1202 an Alexius III. (ed. Baluze, p. 673): „Rogamus igitur imperialem excellentiam..., quatenus operibus nobis et non verbis dumtaxat studeas respondere."

2. ep. VI. 230 vom 7. Februar 1204 an die Kreuzfahrer, Tafel und Thomas, p. 433; cf. auch ep. VI. 231, 232, VII. 18. vgl. Riant, Revue, Bd. XVIII. p. 61—62, der diese Briefe in ähnlicher Weise verwertet.

dammt, der durch den Angriff auf Zara geschaffen war, seine Durchführung deshalb, weil sie nicht die Kirchenunion herbeiführte, dasjenige Mittel, welches dem Angriff auf Constantinopel eine andere Beurteilung als dem auf Zara gesichert hätte. Mit der Verurteilung des Planes a priori hat er die guten Absichten der Kreuzfahrer verkannt, er hat den Unterschied übersehen, der bestand zwischen einer einseitig venetianischen Interessenpolitik, wie sie das dalmatische, und einer Verquickung weltlicher Politik mit den Interessen der Kreuzfahrt, wie sie das griechische Unternehmen darstellte.

So wenig es also gerechtfertigt war, den Plan selbst zu verdammen, so richtig handelte der Papst, als er das Unternehmen für verfehlt erklärte, nachdem Alexius IV. eingesetzt war, und er aus dessen Brief ersehen hatte, dass die Aussicht auf die Kirchenunion um kein Haarbreit ihrer Verwirklichung näher gerückt war. Nach der Hoffnungslosigkeit der Union wird er auch die Aussicht auf die Unterstützung der Kreuzfahrt durch die Griechen, auf die die Kreuzfahrer in ihren Briefen hinwiesen, beurteilt haben.

So dachte Innocenz über den Vierten Kreuzzug, als ihn die Nachricht von der zweiten Eroberung Constantinopels, vom Untergang des griechischen Reiches und der Errichtung einer lateinischen Kaiserherrschaft auf seinen Trümmern erreichte.

Ein plötzlicher Umschwung seiner Stimmung erfolgte. Hatte er bei der Kunde von der Einsetzung Alexius IV. den Kreuzfahrern seinen apostolischen Gruss versagt, weil sie aufs neue dem Bann verfallen zu sein schienen[1], so preist er jetzt die Gnade Gottes, der so grosse Wunder gethan habe „zum Ruhm seines Namens, zur Ehre und Förderung des Papsttums und zur Erhöhung der ganzen Christenheit." Und während er vorher zur schleunigen Fortsetzung der Kreuzfahrt angetrieben hatte, heisst er jetzt die Kreuzfahrer dem

---

1. ep. VI. 230 vom Jahre 1203, Tafel und Thomas, p. 433.

neuen Kaiser zur Verteidigung seines Reiches kräftigen Beistand leisten, denn „per cuius subventionis auxilium terra sancta facilius poterit de Paganorum manibus liberari", und er verspricht für Nachschub aus dem Abendlande zur Unterstützung beider Länder zu sorgen[1].

Das waren nicht die Worte eines Mannes, den ein harter Schlag getroffen hatte und der sich ins Unvermeidliche fügte[2]. Mit voller Begeisterung hat Innocenz, für den es kein höheres Ziel gab, als die unbegrenzte Erweiterung der Macht des Papsttums, dem Ereignis zugejubelt, das wie kein anderes diesem seinem Streben Erfolg zu verheissen schien. Statt eines Personenwechsels ohne Aussicht auf Änderung des Systems, hatten die Kreuzfahrer jetzt eine weltgeschichtliche Umwälzung herbeigeführt, die vor allem dem Papsttum zu gute kam: sie hatten das einzige christliche Reich, das sich nie unter die Allgewalt der Nachfolger Petri hatte beugen wollen, zertrümmert. Und nicht ein übermächtiger Kaiser des Abendlandes war es, der durch die Bezwingung des griechischen Reichs seinen Anspruch auf die Beherrschung der ganzen Christenheit wahr gemacht und das Papsttum in Schatten gestellt hätte, sondern der neue Kaiser von Constantinopel war ein frommer flandrischer Ritter, der auf Innocenz als seinen mächtigen Schutzherrn blickte und von ihm alles Heil erwartete.

Und nun, wo das grosse Hindernis der Kreuzfahrten beseitigt war, stand auch die Befreiung des Landes, wo der Erlöser geweilt, in Aussicht. Das Reich, das infolge seiner benachbarten Lage und seiner Machtmittel vor allem seine

---

1. ep. VII. 153 vom 7. November 1204. Tafel und Thomas, p. 516. Dieser Brief ist der wichtigste, weil er unmittelbar unter dem Eindruck der zweiten Eroberung Constantinopels geschrieben ist. Der Brief vom Mai 1205, auf den Tessier das meiste Gewicht legt (p. 235) sagt im Grunde genau dasselbe. Nach diesen Aussprüchen Innocenz' hat Tessier dessen Stellung zur Wendung des Vierten Kreuzzugs gegen Constantinopel überhaupt beurteilt.

2. Riant, Revue XVIII, p. 63.

Kräfte dem heiligen Lande zu widmen verpflichtet war¹, wurde ja jetzt von einem Fürsten beherrscht, der selbst das Kreuz auf der Brust trug, die Besetzung des griechischen Reichs schloss gewissermassen die Wiedergewinnung Jerusalems in sich, und dieses wäre nie verloren worden, wenn schon vorher die Lateiner in Constantinopel regiert hätten.² Innocenz' kühne Hoffnungen gingen nicht in Erfüllung. Noch im Mai des Jahres hatte er jene Erwartungen ausgesprochen³, drei Monate später schreibt er einem französischen Cleriker in voller Verzweiflung: der Augenblick stehe nahe bevor, wo die Sarazenen sich der Reste des heiligen Landes bemächtigen, und die Griechen wieder Herren Constantinopels sein würden⁴, oder wie es in einem Briefe an den Legaten Capuano heisst: „unde videbamur hactenus profecisse, deficimus et angustiamur, unde credebamus potissime dilatari"⁵.

Was hatte diesen gewaltigen Stimmungswechsel herbeigeführt? Kurz gesagt: das Scheitern des Vierten Kreuzzugs. Statt dem heiligen Lande zu nützen, erwies sich das lateinische Kaiserreich selbst als hilfsbedürftig, da es nur mit Mühe sein Dasein gegen die übermächtigen inneren und äusseren Feinde zu fristen vermochte⁶.

Das heilige Land dem Angriff der Ungläubigen preisgegeben, das lateinische Kaiserreich nicht viel mehr als eine Herrschaft über die Stadt Constantinopel — das war allerdings ein Zustand, der jene Befürchtungen Innocenz' rechtfertigte.

Schon aus einem früheren Briefe erkennen wir den Umschwung seiner Stimmung. Zwei Thatsachen hatte Innocenz mittlerweile erfahren, die ihn tief betrüben mussten: einmal

---

1. Worte aus Innocenz' ep. I, 353, citiert p. 93 Anm. 3.
2. cf. p. 63 Anm. 1.
3. Bréqigny, Bd. II, p. 710—713.
4. l. c., p. 759, (P. No. 2571) vom 20.—27. August 1205.
5. p. 762 vom 12. Juli 1205.
6. cf. oben p. 63.

die von den Kreuzfahrern bei der zweiten Eroberung Constantinopels verübten Greuel, die ihn wegen der Union der Kirchen bedenklich machten[1], sodann die Nachricht, dass der Legat Peter Capuano alle Kreuzfahrer, die noch ein Jahr im lateinischen Kaiserreich weilen würden, von ihrem Kreuzzugsgelübde entbunden hatte, eine Entscheidung, die, wäre sie zu Recht bestehen geblieben, geradezu eine Bankerotterklärung des Vierten Kreuzzugs bedeutet hätte[2]. Durch diese Kunde, wie durch die andere, dass mit dem Legaten Capuano viele Bewohner des heiligen Landes nach Constantinopel geeilt seien und dieses in kläglicher Lage zurückgelassen hätten[3], und endlich durch die Nachricht von der furchtbaren Niederlage der Kreuzfahrer bei Adrianopel, die ihnen die Bulgaren beigebracht hatten[4], wurde sein Glaube, dass die „detentio huius (Constantinopolitani imperii)" die „recuperatio illius (Jherosolymitanae provinciae)" zur unmittelbaren Folge haben werde, aufs tiefste erschüttert.

---

1. Bréqigny, p. 761 vom 12. Juli 1205 an den Legaten Peter Capuano: „Quomodo enim Graecorum Ecclesia ... ad unitatem ecclesiasticam revertetur, quae in Latinis .... non nisi perditionis exemplum ... aspexit, ut iam merito illos abhorreat ut canes".

2. l. c., p. 762: „Qua fronte de cetero populos Christianos Occidentis ad Torrae sanctae subsidium et praesidium Imperii Constantinopolitani poterimus invitare, quibus .... aliqui imputabunt forsitan, quod crucesignati relicto peregrinationis proposito absoluti ad propria revertuntur et qui praedictum Imperium spoliarunt, illo immunito relicto, referti spoliis terga vertant?"

3. vgl. besonders die Notiz aus dem Formelbuch des Boncompagnus lib. III, tit. 15, c. 8, die Winkelmann in der Jenaer Lit.-Ztg. 1876 No. 1 mitteilt: „Post Constantinopolitanae urbis captionem quam plures incolae Jherosolymitani regni Constantinopolim properarunt, ibidem habitacula eligentes. Unde illas maritimas partes, quas adhuc retinent christiani, non possumus a Saracenorum incursibus defensare atque... vestrum cogimur patrocinium implorare, ut in auxilium nostrum plurimos dirigatis, ne modicam partem, quam habemus, relinquere barbaris nationibus compellamur".

4. Hopf, l. c., p. 214 ff.

Er erkannte jetzt, dass es mit der indirekten Unterstützung des heiligen Landes durch Kräftigung des lateinischen Kaiserreichs nicht gethan sei, sondern dass jenes augenblicklicher Hülfe bedürfe: eine neue Kreuzfahrt war nötig und für diese setzte Innocenz seine ganze Hoffnung auf Frankreichs König, Philipp August[1]. Aber für einen neuen Kreuzzug war die Zeit noch nicht gekommen, und so begnügte sich Innocenz zunächst mit jener indirekten Förderung des heiligen Landes[2]. Denn noch immer waren für ihn die in Romanien weilenden Abendländer die Kreuzfahrer, die auf halbem Wege zurückgeblieben waren und mit Gottes Hülfe noch zum Ziele gelangen würden[3]. Er wusste allerdings nur zu gut, dass sie vor den Feinden des heiligen Landes die ihrer jungen Herrschaft am Bosporus zu bekämpfen hatten; gegen diese ihnen beizustehen, bezeichnet er auch als die nächste Aufgabe der Streitkräfte aus dem Abendlande, die er ihnen zuführte[4]. Wie lange sie aber

---

1. Brief an einen französischen Cleriker, l. c. „Cum nullus omnino succursus expectetur ad praesens in Hierosolymitanam provinciam profecturus . . ., unde cum a . . . Philippo, illustri rege Francorum, praecipuum super hoc subsidium expectetur, quem ob hoc Deus adeo magnificavit, . . . ut regi regum in hac summa necessitate principaliter ipse succurrat, fraternitati vestrae . . . mandamus . . ., quatenus ad eiusdem regis praesentiam accidentes . . . inducatis diligenter eundem, ut ad subsidium terrae sanctae prudenter ac potenter intendat . . ."

2. Bréqigny, p. 765: „Universis Christi Fidelibus ad succursum Terrae sanctae volentibus Constantinopolim proficisci" vom 16. Aug. 1205.

3. Bréqigny, p. 1010: vom 11. Dezember 1206: Kaiser Heinrich ist gewählt „ab universo exercitu Latinorum"; am 30. März 1207 (Baluze, II, p. 17) schreibt Innocenz „Universis Christi Fidelibus crucesignatis in Romaniae partibus constitutis", sie sollen zu Gott flehen „ut iter vestrum ad finem dirigat exoptatum".

4. Bréqigny, p. 1010, in dem Briefe vom 11. Dezember 1206 „facile subiugabitis vobis nationes exteras ad obsequium crucifixi".
Baluze, II, p. 17, in dem Briefe vom 30. März 1207: „Est enim crucesignatorum copiosa multitudo . . . in auxilium vestrum cito ventura, cum quibus ad paganorum perfidiam a Christianorum finibus exufflandam efficaciter cum Dei auxilio poteritis laborare".

noch dadurch würden aufgehalten werden, war nicht abzusehen.

So gab er denn endlich den Vierten Kreuzzug verloren und rief das Abendland zu einer neuen Heerfahrt gegen die Ungläubigen auf. Gelang es, auf dem Fünften Kreuzzug nachzuholen, was auf dem Vierten versäumt war, so war der Schaden wieder gut gemacht. Dann stand der Vierte Kreuzzug in einem anderen Lichte da: über dem, was er erwirkt, der Kirchenunion, hätte man vergessen können, dass er sein eigentliches Ziel: die Befreiung des heiligen Landes, nicht erreicht hatte.

Schlussbetrachtung.

Ich habe in dieser Abhandlung zeigen wollen, dass man dem Vierten Kreuzzug nicht gerecht wird, wenn man in seiner Wendung gegen Constantinopel das Werk, sei es einer Intrigue, sei es des blossen Zufalls erblickt, und wenn man über Gebühr den Einfluss Einer Macht auf diese Wendung betont.

Vielmehr muss der Vierte Kreuzzug im Zusammenhang der Beziehungen des Abendlandes zu Byzanz betrachtet werden, und dann ergiebt sich, dass politische, wirtschaftliche und religiöse Motive, wie sie das Abendland im XI. und XII. Jahrhundert gegen Byzanz in die Schranken getrieben hatten, auch im XIII. die Wendung des Vierten Kreuzzugs gegen Constantinopel herbeiführten. Besonders bemerkenswert ist es, dass das Ziel dieser Heerfahrt des Abendlandes nicht, wie das der meisten des XII. Jahrhunderts, die Vernichtung des griechischen Reichs, sondern die Entthronung eines Usurpators und die Einsetzung des rechten Erben war. Die Ursache dieses Unterschiedes lehrt eine Betrachtung der am Vierten Kreuzzug beteiligten Mächte. Die Macht, bei der das wirtschaftliche Interesse im Vordergrunde stand, die Republik Venedig, hatte niemals einen unbedingten Vernichtungskampf gegen Byzanz geführt, sie hatte stets nur durch Pressionsmittel verschiedener Art die Bestätigung ihrer Privilegien ertrotzen, ihre Handelsherrschaft im griechischen Reiche sichern wollen. Noch kurz vorher war ihr das bei Alexius III. durch die Drohung, seinem Neffen zum Throne zu verhelfen, gelungen. Als nun der Kaiser Venedigs Privilegien schmälerte, und zugleich eben dieser Neffe im Abendlande erschien, beschloss es einfach, seine Drohung wahr zu machen, den lästigen Kaiser zu verjagen und einen willfährigen an seine Stelle zu setzen.

Anders war es mit den politischen Motiven, wie sie für die Normannenkönige und ihren grösseren Nachfolger Heinrich VI. massgebend gewesen waren. Der Ehrgeiz dieser Herrscher hatte nach nichts Geringerem als der griechischen Kaiserkrone gestanden. Damals aber lebte Heinrich VI. nicht mehr und sein Bruder Philipp musste sich mit einem bescheideneren Masse griechischer Politik begnügen. Heinrich selbst hatte ihm hierzu die Bahnen gewiesen durch die Vermählung mit des entthronten Kaisers Isaac Angelos Tochter Irene: für diesen seinen Schwiegervater wie für seinen Schwager Alexius, die in Constantinopel gefangen sassen, trat Philipp ein, er knüpfte mit ihnen geheime Verbindungen an und bemühte sich dann mit allen Kräften für den jungen Alexius, als dieser ins Abendland entkommen war. Selbst nicht zu thatkräftiger Unterstützung seines Schwagers imstande, beschloss er, das Kreuzheer, das gerade damals seine Fahrt anzutreten gedachte, für die Rückführung desselben zu gewinnen, und Venedig, das sich zur Übersetzung eben dieser Kreuzfahrer verpflichtet hatte, wirkte in derselben Richtung.

Nun hatte aber, wie der politische, so auch der religiöse Antrieb in den Abendländern bisher stets nur den Plan reifen lassen, dem griechischen Reich ein Ende zu machen, weil nur, wenn sie selbst in Constantinopel herrschten, dem heiligen Lande geholfen sein werde; zugleich hatte man durch eine Eroberung des byzantinischen Reiches Geld und Güter zu erwerben und die griechische Kirche Rom unterthan zu machen gehofft.

An die Stelle dieses Planes trat jetzt unter deutschvenetianischem Einfluss der andere, einen Thronwechsel in Constantinopel herbeizuführen, indem der griechische Fürst für den man eintrat, wie er jene weltlichen und katholischen Wünsche zu erfüllen versprach, sich vor allem auch verpflichtete, nach seiner Einsetzung den Kreuzfahrern Truppen, Geld und Lebensmittel für den Kampf gegen den Islam zur Verfügung zu stellen.

So ist es zu diesem Unternehmen des Occidents gegen Byzanz gekommen. Eine Fülle von Wünschen abendländischer Mächte sollte durch die Einsetzung des jungen Alexius Befriedigung finden, aber weder die verwandtschaftlich-dynastischen, noch die wirtschaftlichen, noch auch die hierarchischen Interessen, die sich an sie knüpften, haben der Unternehmung das Gepräge gegeben: „den Vierten Kreuzzug" hat sie vielmehr die Geschichte genannt, und die Befreiung des heiligen Landes ist ihr letztes Ziel gewesen. Gleich dem Goldgrunde auf den Gemälden des Mittelalters, bildete die Kreuzzugsidee die Folie für alle die sonstigen Interessen, die die Abendländer nach Constantinopel führten.

Der Gedanke, auf friedlichem Wege die Gegensätze zwischen Orient und Occident auszugleichen, erwies sich als unfruchtbar, es zeigte sich nach des jungen Alexius Einsetzung, dass die Kluft, die diese beiden Welten trennte, unüberbrückbar war, und die Kreuzfahrer erkannten, dass sie nur durch eine Eroberung des griechischen Reichs ihre Interessen würden durchsetzen können.

Das ist ihnen in der That in weitem Masse in dem lateinischen Kaiserreich, das nun gegründet wurde, gelungen. Während Philipp von Schwaben völlig leer ausging, der Anspruch, den er nach dem Tode seines Schwagers auf den Thron von Byzanz erheben konnte, unberücksichtigt, und damit das Ideal einer Weltherrschaft, wie es Heinrich VI. in der Brust gehegt, für immer unerfüllt blieb, haben die Venetianer durch den Untergang des griechischen Reiches noch Grösseres erreicht, als ihnen die Einsetzung Alexius' IV. gebracht hätte: die durch militärische Stützpunkte und venetianische Colonisation gesicherte Handelsherrschaft in Romanien, und die Kreuzritter sind zu den höchsten weltlichen Ehren gekommen, wurden Kaiser, Könige, Fürsten oder mächtige Vasallen. Ein Grosses war es dann, dass jetzt endlich die alte Sehnsucht der Päpste und der katholischen Christenheit nach Angliederung der griechischen Kirche an die römische erfüllt wurde.

Nur eins wurde so wenig durch die Eroberung des griechischen Reiches, wie vorher durch die Einsetzung des griechischen Prätendenten erreicht: die Wiedereroberung des heiligen Landes. Der alte Kreuzzugsgedanke, dass die beste Förderung, die man dem heiligen Lande angedeihen lassen könne, die Eroberung Constantinopels sei, wurde nicht zum Siege geführt: es fehlte der krönende Abschluss der Unternehmung, sie blieb ein Torso.